Gütersloher Taschenbücher/Siebenstern 491

Weitere Bände der Reihe »*Die Frau in Religion und Gesellschaft*« in GTB Siebenstern:

Anne E. Carr
Frauen verändern die Kirche. Christliche Tradition und feministische Erfahrung. GTB 497

Catharina J. M. Halkes
Das Antlitz der Erde erneuern. Mensch – Kultur – Schöpfung. GTB 499

Gott hat nicht nur starke Söhne. Grundzüge einer feministischen Theologie. GTB 371

Suchen, was verlorenging. Beiträge zur feministischen Theologie. GTB 487

Pnina Navé Levinson
Was wurde aus Saras Töchtern? Frauen im Judentum. GTB 495

Elisabeth Moltmann-Wendel
Ein eigener Mensch werden. Frauen um Jesus. GTB 1006

Das Land, wo Milch und Honig fließt. Perspektiven einer feministischen Theologie. GTB 486

Wenn Gott und Körper sich begegnen. Feministische Perspektiven zur Leiblichkeit. GTB 496

Rosemary R. Ruether
Sexismus und die Rede von Gott. Schritte zu einer anderen Theologie. GTB 483

Frauenbilder – Gottesbilder. Feministische Erfahrungen in religionsgeschichtlichen Texten. GTB 490

Luise Schottroff / Dorothee Sölle
Hannas Aufbruch. Aus der Arbeit feministischer Befreiungstheologie: Bibelarbeiten, Meditationen, Gebete. GTB 498

Die tägliche Erfindung der Zärtlichkeit. Gebete und Poesie von Frauen aus aller Welt. Hg. von Sybille Fritsch und Bärbel von Wartenberg-Potter. GTB 489

Was geht uns Maria an? Beiträge zur Auseinandersetzung in Theologie, Kirche und Frömmigkeit. Hg. von Elisabeth Moltmann-Wendel, Hans Küng und Jürgen Moltmann. GTB 493

Was meinst Du dazu, Gott? Gebete von Frauen. Hg. von Susanne Kahl-Passoth. GTB 485

Weiblichkeit in der Theologie. Verdrängung und Wiederkehr. Hg. von Elisabeth Moltmann-Wendel. GTB 494

Phyllis Trible

MEIN GOTT, WARUM HAST DU MICH VERGESSEN!

Frauenschicksale im Alten Testament

Mit einer Einführung von
Helen Schüngel-Straumann

Aus dem Amerikanischen übersetzt
von Marianne Reppekus

Gütersloher Verlagshaus
Gerd Mohn

Deutsche Erstausgabe

Titel der amerikanischen Originalausgabe:
Texts of Terror, Literary-Feminist Readings of Biblical Narratives

CIP-Titelaufnahme der Deutschen Bibliothek

Trible, Phyllis:
Mein Gott, warum hast du mich vergessen!: Frauenschicksale im Alten Testament / Phyllis Trible. Mit e. Einf. von Helen Schüngel-Straumann. Aus dem Amerikan. übers. von Marianne Reppekus. – Dt. Erstausg., 2. Aufl. – Gütersloh: Gütersloher Verl.-Haus Mohn, 1990
(Gütersloher Taschenbücher Siebenstern; 491: Die Frau in Kirche und Gesellschaft)
Einheitssacht.: Texts of terror ⟨dt.⟩
ISBN 3-579-00491-3

NE: GT

ISBN 3-579-00491-3
2. Auflage, 1990

Umschlaggestaltung: Dieter Rehder, Aachen, unter Verwendung des Gemäldes »Vittoria Caldoni aus Albano« (1821) von Friedrich Overbeck, Bayerische Staatsgemäldesammlungen, München. Foto: Artothek, Planegg.
Satz: ICS Communikations-Service GmbH, Bergisch Gladbach
Druck und Bindearbeiten: Clausen & Bosse, Leck
Printed in Germany

IN ERINNERUNG AN
HELEN PRICE
UND
MARY A. TULLY

Inhalt

Abkürzungen

A. O.	Amerikanischer Originaltext
ASV	American Standard Version
BR	Biblical Research
Buber	Die fünf Bücher der Weisung. Bücher der Geschichte. Verdeutscht von Martin Buber/Franz Rosenzweig. Verbess. Aufl. Köln 1956
CBQ	Catholic Biblical Quarterly
Hermeneia	Hermeneia – A Critical and Historical Commentary on the Bible
HTR	Harvard Theological Review
ICC	International Critical Commentary
IDB	Interpreter's Dictionary of the Bible
IDBS	Supplementary Volume to Interpreter's Dictionary of the Bible
Int	Interpretation
Interpretation	Interpretation – A Bible Commentary for Teaching and Preaching
JB	Jerusalem Bible
JBL	Journal of Biblical Literature
JSOT	Journal for the Study of the Old Testament
JSOT Supp.	JSOT Supplement Series
KJV	King James Version
Luth	Lutherbibel (Standardausgabe), Stuttgart 1984*
MT	Masoretischer Text
NAB	New American Bible
NEB	New English Bible
NJV	New Jewish Version
OTL	Old Testament Library

* Bei starken Abweichungen der Lutherbibel und der Zürcher Bibel von den englischen Bibelstellen wird zum Vergleich der amerikanische Originaltext mit abgedruckt. (M. R.)

PTÜ	Übersetzung von Phyllis Trible
RSV	Revised Standard Version
SBL	Society of Biblical Literature
VT	Vetus Testamentum
ZAW	Zeitschrift für die alttestamentliche Wissenschaft
Zür	Die Heilige Schrift des Alten und Neuen Testaments, Zürich 1970 (Zürcher Bibel)*

* Bei starken Abweichungen der Lutherbibel und der Zürcher Bibel von den englischen Bibelstellen wird zum Vergleich der amerikanische Originaltext mit abgedruckt. (M. R.)

Einführung

Innerhalb der feministischen Theologie hat die feministische Exegese eine Schlüsselfunktion. Denn für ein christliches (jüdisches) Verständnis geht es bei der Bibel um die Grundlage, um die Urkunde des Glaubens. Bereits hier jedoch scheiden sich die Geister: Ist die Bibel ein rein männliches Buch, das wegen seiner Entstehung in einer patriarchalischen Gesellschaft und Kultur, wegen seiner androzentischen Redaktion, Selektion, Tradition und Übersetzung per se schon frauenfeindlich sein muß? Daß es eine große Zahl von feministischen Theologinnen gibt, die mit der Bibel nichts mehr anzufangen wissen, zeigt gerade, wie wichtig es ist, biblische Grundlagenarbeit besonders am Alten Testament zu betreiben.
Im Gegensatz zur Bundesrepublik, wo erst zaghafte Ansätze einer feministischen Exegese im Entstehen sind, gibt es in den USA schon seit langem Arbeiten auf diesem Gebiet mit entsprechender Literatur. Am Anfang stand hier wie dort der gemeinsame Aufbruch von Frauen, der von der Basis ausging. Das Aufteilen in Fächer bzw. das Durchdringen der einzelnen theologischen Fachdisziplinen ist dann ein späterer Schritt, der in den USA bereits sehr viel weiter gediehen ist als hierzulande. Dort gibt es ein sehr viel größeres Angebot besonders im universitären Bereich. Ein Blick in das Vorlesungsverzeichnis einer größeren Universität zeigt, was in den USA an *Women's Studies* in Theologie angeboten wird. Dagegen gibt es in der Bundesrepublik noch keinen Lehrstuhl für Feministische Theologie, ganz zu schweigen von fächerspezifischen Ansätzen. Es sind hier lediglich einzelne Frauen und Frauengruppen, die auf Teilgebieten theologisch-feministisch arbeiten (zumeist auf der Ebene von Akademien oder auch durch private Initiativen). So haben die USA nicht nur einen zeitlichen Vorsprung, sondern auch einen bezüglich der Quantität und der *Breite* der Diskussion.

In dieser bereits jahrzehntelangen Tradition ist die vorliegende Untersuchung von Phyllis Trible einzuordnen. Es ist das erste ins Deutsche übersetzte Buch der 1932 geborenen Autorin, die am Union Theological Seminary in New York als Professorin für Biblische Theologie lehrt. Beiträge von ihr sind allerdings schon übersetzt, so etwa »Gegen das patriarchalische Prinzip in Bibelinterpretationen« (englisch bereits 1973!) in dem Sammelband »Frauenbefreiung. Biblische und theologische Argumente«, den Elisabeth Moltmann-Wendel herausgegeben hat.

Während im Alten Testament selbst zumeist *Männer* im Mittelpunkt der Erzählungen und des Interesses stehen, untersucht die Autorin vier traurige Frauengeschichten, die in der herkömmlichen Exegese kein eigenes Gewicht erhalten. Sie werden nur im Hinblick auf Männer, seien es ihre Ehemänner, Väter, Söhne oder Brüder überhaupt erwähnt: Hagar, die Prinzessin Tamar, die namenlose Frau Ri 19 und Jiftachs Tochter. Daß es Leidensgeschichten sind, wird durch ein jedem Kapitel vorangestelltes Motto, das überwiegend aus den Gottesknechtsliedern Deutero-Jesajas entnommen ist, betont. Durch diese Verfremdung – es ist ungewohnt, solche Bibelstellen auf Frauen anzuwenden – wird der Aspekt des unschuldigen, unverdienten Leidens, der diese Frauenschicksale kennzeichnet, besonders hervorgehoben.

Die Untersuchung der einzelnen Texte zeigt, daß die Erzählungen, werden sie einmal nicht mit männlichen Augen gelesen, wesentlich mehr über die Frauen selbst aussagen als die spätere Tradition und Interpretation wahrhaben will: die spätere androzentrische Auslegung hat das Ungleichgewicht und die Unscheinbarkeit von Frauen häufig noch verschärft, wie an sehr bezeichnenden Details aufgezeigt werden kann. (In den meisten Übersetzungen und Auslegungen der Hagargeschichte weint der *Knabe*, im hebräischen Text ist es aber *Hagar*, die weint; bereits die Septuaginta, die griechische Übersetzung des Alten Testaments, hat weibliche Formen in männliche geändert!)

Trible geht von der Endform der Texte aus und versucht, die narrative Struktur jeder einzelnen Erzählung sorgfältig herauszuarbeiten und sie in ihrer Ganzheit auszulegen. Dabei bezieht sie sich stark auf den Essay von Zvi Adar »The Biblical Narrative«. Die gesamte künstlerische Gestaltung eines Textes ist ihr wesentlich; Form, Inhalt und Bedeutung dürfen nicht voneinander getrennt werden. Dabei wird besonders auf die Symmetrie und die vielfältigen Stichwortverknüpfungen innerhalb der einzelnen Erzählungen geachtet. Die kunstvolle Struktur (man beachte die englischen Übersetzungen der Autorin) geht verloren, wird der Text vorschnell in Quellen aufgegliedert und zerstückelt, wie es in der üblichen deutschsprachigen alttestamentalen Exegese weitgehend geschieht. Dabei wird der Blick auf die Erzählung *als ganze* häufig verstellt.

Die Verfasserin verbindet die historisch-kritische Literaturbetrachtung mit der feministischen Kritik. Literarkritik bezeichnet sie als ihre Methode, Feminismus als die Perspektive. So ist ihr Ansatz nicht neutral oder »objektiv«, was immer das sei. Sie hat einen klaren Standpunkt in der Art, daß sie sich mit den Frauen, deren Schicksal sie untersucht, auf den Weg macht und sich mit ihrer Geschichte identifiziert. Dieses Vorgehen bezeichnet sie als »intrinsisches Lesen«, eine Art der Betrachtung, die betroffen ist und nicht *über* die Frauen schreibt, die hier als Opfer geschildert werden, sondern sich mit ihnen solidarisiert. Aus »innerem Interesse an der Sache« beschäftigt sie sich mit diesen Texten. Ziel ist denn auch nicht ausschließlich Information, dieser Blickwinkel wird gewählt, damit durch das Nachdenken und Vergegenwärtigen dieser Leidensgeschichten solches sich nicht wiederholt. Mit einem ähnlichen hermeneutischen Ansatz arbeiten in den USA auch andere Exegetinnen, so Phyllis Bird, Rosemary Radford Ruether, Carol Meyers, um nur einige zu nennen.

Folgende Punkte werden dabei besonders hervorgehoben: Einmal soll die Frauenfeindlichkeit in der Bibel selbst kritisiert werden. Es gibt aber auch schon innerhalb der alttestamentlichen Texte eine sehr subtile Kritik am Patriarchat, eine Parteinahme für die Schwachen und Unterdrückten. Diese interne Kritik wird sorgfältig hervorgehoben. Schließlich werden die »Geschichten des Schreckens« *in memoriam* erzählt, damit Reue und Mitgefühl mit diesen Frauen möglich wird. Auf diese Weise wird das Wieder-Erzählen ihres Schicksals auch zu einem Akt der Wiedergutmachung.

Helen Schüngel-Straumann

Vorwort

Diese Aufsätze sind aus den Lyman Beecher Lectures hervorgegangen, die ich im Februar 1982 an der Yale Divinity School gehalten habe unter dem Titel »Texts of Terror, Unpreached Stories of Faith« (Texte des Schreckens. Glaubensgeschichten, über die nie gepredigt wurde). Teilweise habe ich sie dann 1982 in die Mackinnon Lectures an der Atlantic School of Theology in Halifax, Nova Scotia aufgenommen, 1983 in die Francis B. Denio Lectures am Bangor Theological Seminary in Bangor, Maine, und, ebenfalls 1983, in die Jackson Lectures an der Perkins School of Theology in Dallas, Texas.
Dieses Buch stellt ein Gegenstück zu meinem Buch »God and the Rhetoric of Sexuality« (Philadelphia 1978) dar. Gemeinsam ist ihnen die feministische Perspektive und die literarkritische Methode sowie das Thema von Frauen und Männern in der hebräischen Bibel, aber die Untersuchungen setzen unterschiedliche Akzente und unterscheiden sich auch in der Stimmung. Im ersten Buch haben Lachen und Tanzen ihre Zeit, im zweiten Weinen und Klagen. Die Umkehrung der Ordnung von Kohelets Rhythmen (Koh 3,4) hat sich als entscheidend erwiesen, denn ohne die Freude, die in dem ersten Buch zum Ausdruck kommt, hätte ich die Traurigkeit in dem zweiten unerträglich gefunden. Diese uralten Geschichten sprechen in gar zu erschreckender Weise auch von der Gegenwart.
Daher sind die vorliegenden Untersuchungen im wesentlichen von einem Gefühl des Erschreckens geprägt und weniger von theoretischen Erörterungen. Zwischen dem Leser und den Geschichten steht nur eine kurze Einleitung, und es werden auch keine Schlußfolgerungen aus dem Erzählten gezogen. Eine wissenschaftliche Diskussion, methodologische Verteidigung oder ein theologischer Disput kommen in dem Text so gut wie gar nicht vor; diese Last haben die Fußnoten zu tragen. Daraus wird deutlich, worum es mir ganz

eigentlich ging: *um das Erzählen von Geschichten.* Und das ist dann in sich auch schon genug.

Ich habe verschiedene Bibelübersetzungen verwendet, oft nach der Revised Standard Version zitiert, aber häufiger noch habe ich deren Text abgeändert. Solche veränderten Bibelzitate sind mit einem Sternchen markiert (RSV*), andere Übersetzungen sind durch geeignete Abkürzungen gekennzeichnet. Meine eigenen Übertragungen haben keine Bezeichnung. Ich habe sie vorgenommen, weil es mir nicht so sehr um ein gewähltes Englisch als um die Vermittlung der hebräischen Wortwahl und Syntax ging und um, wo es irgend zulässig war, eine nicht-sexistische Sprache zu benutzen.

Bei meiner Pilgerfahrt in das Reich des Geschichtenerzählens haben mir viele mit Rat und Tat zur Seite gestanden. Besonders dankbar bin ich Rutham Dwyer und Sarah Ryan für ihre sorgfältige Arbeit und ihre ständige Anteilnahme. Jede von ihnen hat das ganze Manuskript mehr als einmal gelesen, Fehler korrigiert und Verbesserungen vorgeschlagen. Mein besonderer Dank gehört auch Toni Craven, Mary Ann Tolbert und Julie Galas. Frau Galas, Sekretärin in der Abteilung für biblische Schriften am Union Theological Seminary, hat unzählige Entwürfe mit unermüdlicher Geduld für mich getippt.

Die beiden Frauen, denen ich das Buch widme, haben ihr Mitgefühl mit dem Leiden der Menschen zum Ausdruck gebracht. Helen Price war Professorin für Alte Sprachen am Meredith College in Raleigh, North Carolina, und Mary A. Tully war Associate Professor für Religionspädagogik und Psychologie am Union Theological Seminary in New York. Wenn ich hier ihre Titel anführe, gebe ich dem Kaiser, was des Kaisers ist. Sie selbst aber haben Gott gegeben, was Gottes ist, ja, auch dem Gott des Schreckens.

Phyllis Trible

Vorbemerkungen

Warum ich diese Geschichten erzähle

Das Leben der Menschen ereignet sich in Gestalt von Geschichten. Sie prägen und erfüllen das Dasein. Von urzeitlichen bis zu eschatologischen Visionen, von jugendlichen Träumen bis zu reifen Erfahrungen, von laut verkündeten Bekanntmachungen bis zu geflüsterten Vertraulichkeiten ist das Moment des Erzählerischen vorherrschend. Mythos, Parabel, Sage, Epos, Romanze, Novelle, Geschichte, Bekenntnis, Biographie – diese und andere literarische Gattungen künden von der dauernden Gegenwart und Macht der erzählten Geschichte.

So wie wir nicht ohne Geschichten leben können, so können Geschichten nicht ohne uns leben. Allein ist ein Text stumm und wirkungslos;[1] erst durch Sprechen und Hören treten neue Dinge in Erscheinung. Das Wort geht vom Munde aus; ja, selbst die Zunge des Stammelnden spricht fließend und klar. Die Ohren derjenigen, die hören können, hören; ja, selbst die Ohren der Tauben öffnen sich. Somit kehrt das Wort nicht leer zurück, sondern es vollendet das, wozu es ausgegangen war.[2] Das Erzählen ist ein trinitarischer Akt, der Schreiber, Text und Leser in einem Zusammenwirken des Verstehens vereinigt.[3] Obwohl sie sich voneinander unterscheiden, sind die drei Beteiligten doch zugleich untrennbar und interdependent miteinander verbunden. »Sind wir doch im Grunde in den Geschichten und im Erzählen alle eines Blutes!«[4]

In diesem Buch habe ich mir die Aufgabe gestellt, vier traurige Geschichten zu erzählen, so wie ich sie höre. Es sind Geschichten des Schreckens, in denen Frauen die Opfer sind. Sie gehören zu den heiligen Schriften von Synagoge und Kirche und geben vier Bilder des Leidens aus dem alten Israel wieder: Hagar, die Magd, benutzt, gedemütigt und verstoßen; Tamar, die Prinzessin, vergewaltigt und abgeschoben; eine namenlose Frau, eine Nebenfrau, geschändet, ermordet und zerstückelt; und die Tochter Jiftachs, eine Jungfrau, geopfert und erschlagen.

Meine persönliche Entscheidung und verschiedene Zufälle haben mich dazu bewogen, gerade diese Geschichten zu erzählen: Ich hörte, wie eine schwarze Frau sich selbst als Tochter der Hagar bezeichnete, die außerhalb des Bundes stehe; ich sah eine Frau, der man übel mitgespielt hatte, in den Straßen von New York mit einem Schild »Mein Name ist Tamar«; ich las Zeitungsberichte über den zerstückelten Leib einer Frau, den man in einer Mülltonne gefunden hatte; ich besuchte Gottesdienste zum Gedächtnis namenloser Frauen; und ich rang mit dem Schweigen, der Abwesenheit und dem Widerstand Gottes. All diese und andere Erlebnisse haben mich in ein Land des Schreckens geführt, von dessen Grenze kein Reisender unverletzt zurückkehrt. Die Reise führt in ein abgelegenes Gebiet und hinterläßt einen tiefen Eindruck. Wenn der Leser sich diesem Unternehmen anschließen will, nimmt er dessen Risiken auf sich.

Fallen und Orientierungshilfen

Der Leser braucht sich aber nicht unvorbereitet darauf einzulassen. Da die Verfasserin diese Reise schon gemacht hat, kennt sie das Terrain. Von Anfang an stellen gewisse theologische Positionen interpretative Fallen dar, die in ihrem Kern auf christlichem Chauvinismus beruhen. Aber: Erstens geht es nicht an, diese Geschichten nur für Relikte einer fernen, primitiven und unterlegenen Vergangenheit zu halten, denn durch das offenkundige Zeugnis der Geschichte werden alle Ansprüche auf Überlegenheit der christlichen Ära schlagend widerlegt.[5] Zweitens ist es irreführend, den neutestamentlichen Gott der Liebe einem alttestamentlichen Gott des Zorns gegenüberzustellen, denn der Gott Israels ist auch der Gott Jesu, und in beiden Testamenten besteht eine Spannung zwischen göttlichem Zorn und göttlicher Liebe. Drittens ist es unberechtigt, das Leiden der vier Frauen im Vergleich zu dem Leiden am Kreuz herunterzuspielen, denn ihre Passion hat eine eigene Integrität, und kein Vergleich kann ihnen den Schrecken abnehmen, den sie kennengelernt haben. Viertens ist es pervers, für diese Geschich-

ten Erlösung in der Auferstehung zu suchen, denn traurige Geschichten haben kein glückliches Ende.
Diese Fallen werden durch Orientierungshilfen ausgeglichen, an die wir uns beim Erzählen und Hören dieser Geschichten halten können. Die Bibel als einen Spiegel zu begreifen, ist eine solche Hilfe. Wenn Kunst das Leben imitiert, so reflektiert die Schrift es ebenso, sowohl in seiner Heiligkeit als auch in seinem Schrecken. Spiegelbilder bewirken an sich keine Veränderungen und führen sie auch nicht herbei, aber sie können Einsichten möglich machen und unter Umständen zur Buße führen. Mit anderen Worten, traurige Geschichten können vielleicht dazu beitragen, daß ein neuer Anfang gemacht wird.
Eine zweite Orientierungshilfe besteht darin, die Schrift selbst zur Interpretation der Schrift heranzuziehen.[6] Wenn man über eine einzelne Geschichte nachdenkt, stellen sich Assoziationen zu anderen Texten ein, und das Lesen anderer Texte erhellt die Einzelgeschichte. Diese Art von Dialektik prägt mein Erzählen trauriger Geschichten. Unter den vielen Bibelstellen, auf die ich in den folgenden Aufsätzen anspiele, werden drei bestimmte Abschnitte als Leitmotive auftauchen: Die Gesänge vom Leidenden Gottesknecht des Deutero-Jesaja, die Passionsgeschichten der Evangelien und die eucharistischen Abschnitte in den Paulus-Briefen. Diese bekannten Textstellen werden allerdings in ungewöhnlicher Weise verwendet.[7] Frauen, nicht Männer, sind hier die leidenden Dienenden und Christusgestalten. Ihre Geschichten bestimmen den Gebrauch der Leitmotive. Wenn die Schrift so durch die Schrift interpretiert wird, werden der Triumphalismus unterhölt und beunruhigende Fragen des Glaubens aufgeworfen.

Proviant für die Reise

Außer den Orientierungshilfen, die wir für das Erzählen und Hören dieser Texte haben, gibt uns ein bestimmter Proviant die nötige Kraft für die Reise. Es ist nicht viel, aber es reicht aus: eine Perpektive, eine Methode und eine Geschichte. Jakobs Kampf am Jabbok ist die Geschichte, Literarkritik die Methode und Feminismus die Perspektive.
Als eine Kritik an der Kultur und dem Glauben angesichts der

Frauenfeindlichkeit ist der Feminismus eine prophetische Bewegung; sie untersucht den status quo, spricht das Urteil und ruft zur Buße auf. Dieser hermeneutische Ansatz beschäftigt sich auf verschiedene Weise mit der Schrift.[8] Einmal weist er Frauenfeindlichkeit nach und zitiert und bewertet lange vernachlässigte Tatsachen, die den geringeren Rang, die Unterordnung und schlechte Behandlung der Frau im alten Israel und in der frühen Kirche zeigen. Ein andermal erkennt er im Gegensatz dazu auch, wo Kritik am Patriarchat innerhalb der Bibel selbst geübt wird, hebt vergessene Texte hervor und interpretiert bekannte neu, um Reste einer Theologie herauszuarbeiten, die den Sexismus der Schrift in Frage stellen.[9] Und drittens geht er von einer Perspektive aus, die die beiden anderen allerdings mit einschließt, d. h. diese Geschichten des Schreckens werden *in memoriam* erzählt, um eine Art des Lesens anzubieten, das vom Mitgefühl mit den mißhandelten Frauen getragen wird. Während die erste Perspektive die Frauenfeindlichkeit historisch und soziologisch belegt, geht diese die Dinge poetisch und theologisch an. Gleichzeitig sucht sie weiterhin an unwahrscheinlichen Orten nach den besagten Überresten. Diese Hermeneutik kennzeichnet die folgenden Aufsätze. Die Geschichten der Gewalttätigkeit werden um der weiblichen Opfer willen interpretiert, um eine vernachlässigte Seite der Geschichte wieder ins Bewußtsein zu bringen, um sich einer Vergangenheit zu erinnern, die bis in die Gegenwart hineinreicht, und in dem inständigen Wunsch, daß sich diese Schrecken niemals wiederholen mögen. Wenn mit feministischer Hermeneutik diese traurigen Geschichten erzählt werden, so wird versucht, die Leiden jener Zeit wiedergutzumachen.

Mit dieser Perspektive verbindet sich die Methode der Literarkritik.[10] So wie sie hier angewandt wird, bedingt sie ein intrinsisches Lesen des Textes in seiner endgültigen Form.[11] Der Ausdruck »intrinsisches Lesen« bedeutet, aus innerem Interesse an der Sache auf den Text eingehendes, nicht so sehr innerhalb des Textes bleibendes Lesen.[12] Um ein Verständnis zu ermöglichen, gehen literarische Analysen gewöhnlich mit konventionellen Methoden an Texte heran. Diese wissenschaftlichen Verfahren, Hilfsmittel und Kontrollen unterscheiden sich von einem Kritiker zum anderen und von einem Zeitalter zum anderen.[13] In dieser Untersuchung hier wird der Akzent auf die Untrennbarkeit von Form, Inhalt und Bedeutung gelegt, auf die rhetorische Formation von Sätzen, Episoden und Szenen, den allgemeinen Entwurf und Handlungsverlauf[14] sowie auf die Darstellung der Charaktere, insbesondere der mißhandelten Frauen.

Jeder Essay steht für sich allein, gehört aber auch mit den anderen zusammen als Variation zu dem gemeinsamen Thema des Schrekkens. Selbständigkeit und Interdependenz bestimmen somit die Anordnung der Kapitel. Einerseits ist keine besondere Ordnung zwingend, andererseits hat die dramatische Wirkung die Reihenfolge bestimmt. Fortschreitend von Verstoßung zu Vergewaltigung, Zerstückelung und Opferung, hat das literarische Urteil historische Gesichtspunkte in den Hintergrund gedrängt.

Wenn Literarkritik die Methode und Feminismus die Perspektive ist, so liefert die Geschichte von Jakobs Kampf am Jabbok den »Proviant« für unsere Reise (Gen 32,22-33):[15] Nach jahrelangem Aufenthalt auf seinem Heimweg verbringt Jakob eine Nacht allein im Kampf mit einem rätselhaften Gegner.[16] Die Geschichte legt nahe, daß dieser »Mann« ('îš) Gott ist, und doch bleibt seine genaue Identität ungewiß.[17] Die Dunkelheit am Jabbok verhüllt die Bedeutung des Ereignisses, während sie die Verwirrung und den Schrekken, die damit verbunden sind, offenbart. Der Kampf ist fast ein Kampf zwischen Gleichen. Als Jakob die Oberhand gewinnt, verrenkt der Mann ihm die Hüfte. Ihr körperliches Miteinanderringen geht in einen verbalen Wettstreit über, wobei Jakob den Mann nicht gehen lassen will, es sei denn, er segnete ihn. Der nächtliche Besucher wandelt dieses Verlangen ab, indem er Jakob ein Bekenntnis seines Namens als Gauner, Schwindler und Betrüger entlockt.[18] Um ihm eine neue Identität als Patriarch zu geben, ändert er den Namen in »Israel« (»Gottesstreiter«; Zür) um. Aber wiederum will Jakob den Angreifer überlisten. Er fragt ihn: »Sage doch, wie heißest du?« Dieses Verlangen zeigt, daß er seinen Wunsch nach Macht noch nicht aufgegeben hat, er wird aber besiegt durch die wissende Frage: »Warum fragst du, wie ich heiße?« Erst danach segnet der mächtige Gegenspieler den kraftvollen Kämpfer. Was Jakob haben möchte, bekommt er nicht zu seinen eigenen Bedingungen. Der Ausgang der Geschichte gibt den verkrüppelnden Sieg und die großartige Niederlage dieser Nacht zu.[19] Jakobs Leben bleibt erhalten, aber er hinkt, als er den Jabbok verläßt.

Als Beispiel für eine Begegnung mit dem Schrecken wird diese Geschichte uns auf der vor uns liegenden Reise Kraft geben, denn Geschichten des Schreckens zu erzählen und zu hören heißt, des Nachts mit Dämonen zu ringen, ohne einen mitleidsvollen Gott, der uns rettet. Während des Kampfes fragen wir uns, wie die Dämonen denn eigentlich heißen, gleichzeitig aber erkennen wir unsere eigenen Namen in höchst erschreckender Weise. Der Kampf selbst ist ein einsamer und intensiver. Wir ringen mit aller Kraft – nur um verwundet zu werden. Aber wir halten aus und suchen einen Segen: das Heilen der Wunden und die Wiederherstellung unserer Gesundheit. Wenn der Segen kommt – und wir wagen nicht, das als sicher zu behaupten –, kommt er gewiß nicht zu unseren eigenen Bedingungen. Sondern wenn wir das Land des Schreckens verlassen, werden wir hinken.

Nachdem wir nun wissen, welche *Fallen* wir meiden müssen, was für *Orientierungshilfen* wir haben und auf welchen *Proviant* wir zurückgreifen können, wollen wir in den trinitarischen Vorgang des Geschichtenerzählens eintreten und uns mit den vier ausgewählten Texten des Schreckens beschäftigen.

Anmerkungen

1. Siehe *Paul Ricoeur,* Interpretation Theory, Fort Worth 1976, S. 75.
2. Zu den Hinweisen auf die Schrift in den vorhergehenden Sätzen, siehe Jer 31, 22b; Jes. 32,3-4; 35,5; 55,10-11.
3. Zu dem Erzähler und der Erzählung, siehe *Robert Scholes / Robert Kellog,* The Nature of Nararative, New York/London 1966; *Mary Mc Carthy,* »Novel, Tale, Romance«, The New York Review of Books, 12. Mai 1983, S. 49-56; zu dem Leser, siehe *Wolfgang Iser,* The Act of Reading, Baltimore 1980. Ich konzentriere mich auf diese drei Beteiligten, andere Kritiker mögen z. B. noch den impliziten Autor und den impliziten Leser mit in Betracht ziehen. Siehe *Wayne C. Booth,* The Rhetoric of Fiction, Chicago 1961; *Wolfgang Iser,* The Implied Reader, Baltimore 1978; *Susan R. Suleiman/Inge Crossman (Hg.),* The Reader in the Text, Princeton, N. J. 1980. Als Beitrag zur Diskussion dieser und damit verbundener Fragen, siehe *Shlomith Rimmon-Kenan,* Narrative Fiction: Contemporary Poetics, London 1983, und *Terry Eagleton,* Literary Theory: An Introduction, Minneapolis 1983.
4. *Ursula K. LeGuin,* »It Was a Dark und Stormy Night; or Why Are We Huddling about the Campfire?« in: On Narrative, hg. von *W.J.T. Mitchell,* Chicago 1981, S. 195. LeGuin fährt fort: »Nimm die Geschichte zwischen die Zähne und beiß' darauf, bis das Blut kommt in der Hoffnung, daß es kein Gift ist, dann werden wir alle zusammen bis zum Ende kommen und auch bis zum Anfang; jetzt leben wir ja doch nur in der Mitte.«
5. Beispiele sind überflüssig, obwohl man in unserer Zeit an die Atomangriffe auf Hiroshima und Nagasaki denkt, an Todeslager der Nazis, das Völkermorden in Vietnam, Greueltaten in El Salvador, einschließlich des Mordes an vier religiösen Frauen, und an das Massaker der Palästinenser in Beirut. Um *Geschichten des Schreckens* zu begegnen, die einzelne betreffen, braucht man nur in der Zeitung zu lesen, mit Freunden oder auch Fremden zu sprechen oder sich in seiner näheren Umgebung umzusehen.
6. Interessante Stellungnahmen und Beispiele zu diesem Prinzip in all seiner Vielfalt findet man u. a. bei: *G.W.H. Lampe/K.J. Woolcombe,* Essays on Typology, Naperville 1957; *Brevard S. Childs,* Biblical Theology in Crisis, Philadelphia 1960, S. 139-219; *James D. Smart,* The Interpretation of Scripture, Philadelphia 1961; *Beryl Smalley,* The Study of the Bible in the Middle Ages, Notre Dame, Ind. 1978; *Claus Westermann (Hg.),* Essays on Old Testament Hermeneutics, Atlanta

1979; *Robert M. Grant/David Tracy,* A Short History of the Interpretation of the Bible, Philadelphia, 2. erw. Auflage 1984. Obwohl mein Interesse sich auf Abschnitte aus der Bibel konzentriert, kann auch außerbiblische Literatur herangezogen werden, um die Schrift zu erhellen, siehe z. B. *David Robertson,* The Old Testament and the Literary Critic, Philadelphia 1977.

7. Ob implizit oder explizit, die Heranziehung dieser Texte kann aufgrund von Ähnlichkeiten oder Verschiedenheiten erfolgen. Was dabei betont wird, hängt von den Gegebenheiten, der Absicht des Interpreten und dem Inhalt des Textes ab. Dieses Vorgehen enthält eine kontrollierte Subjektivität, die zugegebenermaßen selektiv ist.
8. Siehe *Phyllis Trible,* Feminist Hermeneutics and Biblical Studies, in: The Christian Century 3.-10. Februar 1982; *Phyllis Bird,* Images of Women in the Old Testament, in: Religion and Sexism, hg. von *Rosemary Radford Ruether,* New York 1974, S. 41-88; *Carol Meyers,* The Roots of Restriction: Women in Early Israel, in: Biblical Archeologist 41 (1978), S. 91-103; *Katharine Doob Sakenfeld,* Old Testament Perspectives: Methodological Issues, in: JSOT 22 (1982), S. 13-20. *Carol Meyers,* Procreation, Production and Protection, JAAR 51 (1983).
9. *Phyllis Trible,* God and the Rhetoric of Sexuality, Philadelphia 1978, ist ein Beispiel zu dieser Methode.
10. Literarische Untersuchungen der Bibel gehen gegenwärtig in größerer Zahl in den Druck, haben aber bereits eine lange, reiche und anerkannte Geschichte. Außerdem ist die Bibel selbst eins der wichtigsten Beispiele in der Literaturgeschichte des Westens. Siehe *James L. Kugel,* The Idea of Biblical Poetry: Parallelism and Its History, New Haven, Conn. 1981, besonders Kapitel 6 und die Quellenangaben, die darin zitiert werden.
11. Überlegungen, die den historischen Hintergrund, die soziologischen Verhältnisse, die Abfassungsgeschichte, die Intention des Autors und die linguistischen und archäologischen Daten betreffen, sind wichtig für das gesamte exegetische Unterfangen; aber in der literarischen Analyse sind sie nur von unterstützender, nicht vorrangiger Bedeutung. Das Schwergewicht liegt hier auf der künstlerischen Gestaltung. Siehe *Chaim Potok,* The Bible's Inspired Art, in: New York Times Magazine, 3. Oktober 1982, S. 58-68; *David J.A. Clines,* Methods in Old Testament Study, in: Beginning Old Testament Study, hg. von *John Rogerson,* Philadelphia 1982, S. 33-38.
12. Der springende Punkt ist, daß selbst intrinsisches Lesen von extrinsischen Dingen abhängt, wie z. B. von Theorien über Sprache und Literatur und einem Vokabular, das den Text u. U. nicht wortwörtlich wiedergibt.

13. Siehe *James L. Kugel,* On the Bible and Literary Criticism, in: Prooftexts (1981), S. 217-36; auch *Adele Berlin/James L. Kugel,* On the Bible as Literature, in: Prooftexts (1982), S. 323-32.
14. Siehe *James Muilenburg,* Form Criticism and Beyond, JBL 88 (1969), S. 1-18. Zu neueren literarischen Untersuchungen über biblische Erzählungen siehe *Robert Alter,* The Art of Biblical Narrative, New York 1981; *Kenneth R. R. Gros Louis (Hg.),* Literary Interpretations of Biblical Narratives, Bd. 2, Nashville 1982; *David J. A. Clines/David M. Gunn/Alan J. Houser (Hg.),* Art and Meaning: Rhetoric in Biblical Literature, JSOT Supp. 19. Sheffield 1982.
15. Siehe *Walter Brueggemann,* Genesis, Interpretations, Atlanta 1982, S. 266-74; *Walter Wink,* On Wrestling with God, in: Religion in Life 47 (1978), S. 136-47.
16. Man beachte, daß die Geschichte sich ausschließlich mit Männern beschäftigt. Erst nachdem Jakob seine Frauen, Mägde und Kinder über den Strom geschickt hat, kämpft »ein Mann« mit ihm. Siehe *Linda Clark,* A Sermon: Wrestling with Jacob's Angel, in: Image-breaking/Image-building, hg. von *Linda Clark/Marian Ronan/Eleanor Walker,* New York 1981, S. 98-104.
17. Hos 12,3-4 bezeichnet den göttlichen Besucher als einen Engel (mal'āk).
18. *Brueggemann,* Genesis, S. 268; *Gerhard von Rad,* Genesis, OTL, Philadelphia 1961, S. 321.
19. Vgl. *Brueggemann,* Genesis, S. 270, und *Frederick Buechner,* The Magnificent Defeat, New York 1966, S. 10-26.

1. Hagar
Die Trostlosigkeit der Verbannung

Sie ist um unserer Missetat willen verwundet
und um unserer Sünde willen zerschlagen.

Genesis 16,1-16; 21,9-21

Abraham hat sich zwar in der Schrift als das Symbol des Glaubens durchgesetzt, seine Geschichte dreht sich aber um zwei Frauen, Sara und Hagar, die den Glauben mitgestaltet und zugleich in Frage gestellt haben. Ihre Geschichten gehen auseinander, wobei Sara das bessere Teil erhält. Als Ehefrau eines reichen Hirten (Gen 13,2) hat sie Privilegien und Macht innerhalb der Grenzen patriarchaler Strukturen.[1] Zwar gibt Abraham sie zweimal preis, indem er sie als seine Schwester ausgibt, um sich selbst zu schützen (12,10-20; 20,1-19),[2] aber jedesmal wird sie von Gott gerettet. Ohne Anstrengung genießt diese Frau mit ihrem Mann das Wohlwollen Gottes. Aber ihr Ansehen steht unter einer ungeheuren Spannung, denn »Sarai war unfruchtbar und hatte kein Kind« (11,30, Luth).[3] Außerdem »ging es Sara nicht mehr nach der Frauen Weise« (18,11, vergl. 17,17 Luth). Ihre Situation scheint die göttliche Verheißung eines Erbes für Abram zunichtezumachen.[4] Darum plant Sarai, sich ein Kind zu verschaffen durch ihre Magd Hagar, die dann die andere Frau in Abrams Leben wird.

Als eine der ersten Frauen in der Schrift, die gebraucht, schlecht behandelt und verstoßen werden, lenkt Hagar, die ägyptische Sklavin, unsere Aufmerksamkeit auf sich. Was wir von ihr heute noch wissen, ist nur wenig und bruchstückhaft; überdies kennen wir ihre Geschichte nur aus der Perspektive des Unterdrückers, und somit ist es für uns nicht ganz leicht, ihre eigentliche Geschichte aus den Fragmenten zu rekonstruieren, die uns überliefert sind.

Diese Bruchstücke finden wir in verschiedenen Szenen der Abraham-Sage.[5] Das erste (16,1-16) kommt einige Kapitel vor der Geburt von Saras eigenem Kind vor, das Gott ihr schließlich gibt, und das zweite (21,9-21) folgt unmittelbar danach.[6] Gleichartige Strukturen und Themen gliedern die Szenen. In beiden Fällen umrahmen erzählende Einleitungen und Schlüsse zwei Episoden. Die einführenden Episoden, die in Kanaan spielen, stellen Sara heraus, wie sie sich Hagar und Abraham gegenüber verhält, und die abschließenden Episoden in der Wüste zeigen, wie Hagar Gott begegnet. Diese strukturellen und inhaltlichen Parallelen zwischen den Szenen beleuchten ihre Unterschiede. Was Hagar betrifft, so bewegt sich die Handlung der ersten Geschichte im Kreis – von der Knechtschaft zur Flucht und wieder in die Knechtschaft –, während die Handlung der zweiten linear ist und von der Knechtschaft durch die Vertreibung in die Heimatlosigkeit führt.[7]

Im Kreis der Knechtschaft

Szene 1: Genesis 16,1-16

A. *Einleitung, 16,1.* Im Eröffnungssatz der Szene liegt die Betonung auf Sarai. In Umkehrung der gewöhnlichen hebräischen Wortfolge wird ihr Name als Subjekt vor das Verb gestellt. »Sarai, Abrams Frau, gebar ihm kein Kind« (16,1). Nachdem das Problem genannt ist, geht die zweite Hälfte des Satzes zu einer Antwort über. »Sie hatte aber eine ägyptische Magd, die hieß Hagar.«[8] Durch die Erwähnung von Sarai am Anfang und Hagar am Ende stellt die erzählende Einleitung zwei Frauen einander gegenüber, die mit dem Mann Abram etwas zu tun haben. Sarai, die Hebräerin, ist verheiratet, reich und frei; sie ist aber auch alt und unfruchtbar. Hagar, die Ägypterin, ist unverheiratet, arm und abhängig;[9] sie ist aber auch jung und fruchtbar. Die Macht gehört Sarai, dem Subjekt der Handlung; Machtlosigkeit kennzeichnet dagegen Hagar, das Objekt.

B. *Erste Episode, 16,2-6.* Nach der Einleitung geht die Szene zur ersten Episode über. Am Anfang spricht Sarai in der Befehlsform.[10] Die Gestaltung des Dialogs und die Verbformen entsprechen dem Inhalt und stellen diese Frau als eine beherrschende Figur dar. Sie greift zwar das Problem und die Lösung, von der der Erzähler berichtet hat, wieder auf, nimmt aber dabei subtile Veränderungen vor:

Und Sarai sprach zu Abram:
»Da Jahwe mich daran gehindert hat,
Kinder zu bekommen,
Geh' ein zu meiner Magd;
*Vielleicht werde ich durch sie aufgebaut.« (16,2 a)**

Im Unterschied zu dem Erzähler spricht Sarai davon, daß sie selbst durch Hagar moralisch aufgebaut werden will und nicht, daß Abram ein Kind geboren werden soll (vgl. 16,1,15). Im Munde der Frau klingen dieselben Worte ganz anders.[11] Auch gibt sie, anders als der Erzähler, Jahwe die Schuld für ihre mißliche Lage und versucht deshalb, dem göttlichen Handeln eine menschliche Initiative entgegenzusetzen. Was Gott verhindert hat, kann Sarai durch die Magd möglich machen, deren Namen sie nie nennt und mit der sie auch niemals spricht.[12] Für Sarai ist Hagar ein Instrument, nicht eine Person. Die Magd erhöht die Herrin.
Sarais Worten wird gehorcht. Abram macht keinen Versuch, den Plan aufzuhalten, er gibt so passiv nach, daß der Erzähler für ihn antworten muß. »Und Abram hörte [gehorchte] auf die Stimme Sarais« (16,2 b). Und die Erzählung fährt fort, *sein* Einverständnis unterstreichend, von *ihrem* Handeln zu berichten:

Sarai, die Frau Abrams, nahm Hagar, die Ägypterin, ihre Magd,
nachdem Abram zehn Jahre im Lande Kannaan gewohnt hatte,
*und gab sie Abram, ihrem Manne, ihm zur Frau. (16,3)***

Wiederum umgeben in der Struktur eines Satzes zwei Frauen den Abram (vgl. 16,1). Sie sind ein ungleiches Paar. Als Subjekt der Verben *nehmen* und *geben* übt Sarai Macht über Hagar, das Objekt aus. Obwohl ihr Handeln sie beide betrifft, hält das Fehlen eines

---

* A.O./PTÜ:
And Sarai said to Abram,
»Because Yahweh has prevented me from bearing children,
go to my maid. Perhaps I shall be built up from her.« *(16,2a)*

** A.O./PTÜ:
Sarai, wife of Abram, took Hagar the Egyptian, her maid,
after Abram had dwelt ten years in the land of Canaan,
and gave her to Abram, her husband, to him for a wife *(16,3)*

Dialogs die Distanz zwischen ihnen aufrecht. Der wiederholte Gebrauch der Beziehungswörter Frau, Magd, Mann akzentuiert die wachsende Gegenüberstellung. Indem Sarai Hagar zu Abrams Frau – nicht zu seiner Nebenfrau[13] - macht, hat Sarai ihren eigenen Status in der Beziehung zu dieser Dienerin herabgesetzt. Aber sie behält Abram völlig unter ihrer Kontrolle. So wie er ihrer Stimme in einem kurzen Satz des Erzählers zuerst gehorcht hat, kommt er auch jetzt ihrem Befehl nach. »Gehe (bō') ein zu ('el) meiner Magd« (16,2). »Und er ging (bō') ein zu ('el) Hagar« (16,4a).[14] Abram ist kein mächtiger Patriarch, sondern eher eine stille, nachgiebige und unbedeutende Figur in einem Drama zwischen zwei Frauen.

Sarai hat gesprochen, und Abram hat zugestimmt. Sarai hat gehandelt, und Abram hat gehorcht. Als nächstes schwenkt die Handlung dann zu Hagar über, durch die Sarai erhöht werden will. Der Erzähler macht nun die Magd zum Subjekt, nicht Objekt, und berichtet: »Sie empfing« (16,4b). Dieses Ergebnis ist zwar das, was Sarai gewünscht hat, aber es führt auf Hagars Seite zu einer Einsicht, die ihre Herrin nicht vorausgesehen hatte: »Als sie [Hagar] sah, daß sie empfangen hatte, war ihre Herrin gering in ihren Augen« (16,4c). Hagar ist etwas anderes als ein Werkzeug; diesen Unterschied hatte Sarai sich nicht klargemacht.

Der hebräische Ausdruck »ihre Herrin war gering (bzw. unbedeutend) in ihren Augen« regt zu verschiedenen Interpretationen an. Viele Übersetzer ändern die Syntax, um Hagar zum Subjekt des Verbs zu machen. Sie legen dem Verb (qll) die vertretbare, aber nicht notwendige Bedeutung der Geringschätzung oder Verachtung bei. Dementsprechend liest man: »Als sie nun sah, daß sie schwanger war, achtete sie ihre Herrin gering« (Luth, vgl. NEB) oder: »Als sie nun merkte, daß sie schwanger war, sah sie auf ihre Herrin herab«* (Zür, vgl. RSV).[15] Aber das Verb mit seinem richtigen

* A.O./PTÜ: »When she saw that she had conceived, her mistress was slight in her eyes.«
NEB: »When she knew she was with child, she despised her mistress«.
RSV: »When she saw that she had conceived she looked with contempt on her mistress.«
NJV: »Her mistress was lowered in her esteem.« (16,4c)

Subjekt bietet auch die weniger harte Lesart an, die in der Übersetzung enthalten ist: »Ihre Herrin sank in ihren Augen« (Buber, vgl. NJV).

Rivalität zwischen fruchtbaren und unfruchtbaren Frauen ist zwar ein typisches Motiv in der Schrift,[16] in dieser Untersuchung soll das Typische aber einmal hinter dem Besonderen zurücktreten. Als sie sieht, d. h. merkt, daß sie schwanger ist, bekommt Hagar einen ganz neuen Blick für Sarai. Die hierarchischen Scheuklappen fallen ab. Die erhöhte Herrin wird herabgesetzt, während die niedere Magd aufsteigt. Nicht um Haß, sondern um eine Neuordnung der Beziehung geht es. Unwissentlich hat Sarai zu Hagars neuer Einsicht beigetragen. Als sie Hagar Abram zur Frau gab, hoffte sie, selbst dabei zu gewinnen. Tatsächlich aber erhöhte sie den Status der Dienerin – nur um selbst dementsprechend in Hagars Augen abzusinken.

Diese unerwartete Wendung hätte Gelegenheit für Gegenseitigkeit und Gleichberechtigung zwischen zwei Frauen geben können; aber dazu kam es nicht. Wenn auch Hagar einen neuen Blick bekommen hat, so bleibt doch Sarai den alten Strukturen verhaftet.[17] Sich noch als Herrin fühlend, spricht sie mit Abram, tadelt ihn für das, was bei ihrem Plan herausgekommen ist und beruft sich auf Jahwe, der zwischen ihnen richten soll. Sie benutzt zwar dasselbe Vokabular wie der Erzähler, um über Hagar zu sprechen, aber die Wörter haben auf ihren Lippen eine abschätzige Bedeutung.[18]

Da sprach Sarai zu Abram:
»Das Unrecht, das mir geschieht, komme über dich!
Ich ('ānōkî) habe meine Magd dir in die Arme gegeben.
Nun sie aber sieht, daß sie schwanger geworden ist,
bin ich gering geachtet in ihren Augen.
*Der Herr sei Richter zwischen mir und dir!« (16,5 Luth)**

---

* A.O./PTÜ:
And Sarai said to Abram,
»May the wrong done to me be upon you!
I gave my maid to your embrace
but when she saw that she had conceived, then I was slight in her eyes.
May Yahweh judge between you and me!« *(16,5. RSV*)*

Die Herrin möchte ihren überlegenen Status zurückgewinnen, den sie unabsichtlich preisgegeben hat, als sie Hagar benutzte. Und überdies verlangt sie, daß ihr Gatte das Unrecht wieder zurechtrückt, weil er auch Hagar gegenüber Autorität hat. Aber Abram, der nun zum ersten Mal in dieser Szene spricht, zieht es vor, keine Macht auszuüben, er bleibt passiv.[19]

Aber Abram sagte zu Sarai:
»Da deine Magd in deiner Hand ist,
*mache mit ihr, was gut ist in deinen Augen.« (16,6a)**

Die Wendung »was gut ist in deinen Augen« spielt auf die frühere Erwähnung von Hagars Augen an: »Ihre Herrin war gering in ihren Augen.« Die Sehweise der Herrin steht der Erkenntnis der Magd gegenüber: Was für die eine gut ist, bedeutet für die andere Leiden. Am Anfang, als Sarai mit Abram spricht, ordnet sie an, daß er Hagar gebraucht (16,2); ihre Worte jetzt sowie seine Antwort führen dazu, daß die Magd gedemütigt wird. Kurz und bündig erklärt der Erzähler: »Und Sarai bedrückte sie« (16,6b). Wieder einmal treffen die zwei Frauen ungleich aufeinander als Subjekt und Objekt, Sieger und Opfer, und dieses Mal hat Hagar auch noch ihren Namen verloren (vgl. 16,3). Auch hält das Fehlen eines Dialogs die Frauen weiterhin getrennt. Ungleichheit, Feindseligkeit und Distanz sind der Nährboden für Gewalttätigkeit. »Sarai bedrückte sie.« Das Verb *bedrücken* ('nh) ist ein ausdrucksstarkes Wort, es bedeutet harte Behandlung. Es kennzeichnet z. B. die Leiden der ganzen hebräischen Bevölkerung in Ägypten, dem Land ihrer Gefangenschaft.[20] Ironischerweise beschreibt es hier die Qual einer einzelnen ägyptischen Frau in Kanaan, dem Land ihrer Gefangenschaft bei den Hebräern. Sarai bedrückte Hagar.

Seit sie für ihre Herrin ein Kind empfing, hat Hagar einen neuen Blick für die Realität bekommen, der die Machtstrukturen in Frage stellt. Ihre Ansicht führt aber nicht zu einer Aufweichung, sondern

---

* A.O./PTÜ:
But Abram said to Sarai,
»Since your maid is in your hand,
do to her the good in your eyes.« *(16,6a)*

zu einer Verhärtung des Systems. In der Hand Sarais und mit Abrams Zustimmung, wird Hagar zum »Leidenden Knecht«, zum Vorläufer von Israels Not unter dem Pharao. Aber da ist kein Gott, um sie aus Gefangenschaft und Unterdrückung zu befreien, und sie bittet Gott auch nicht um Hilfe. Statt dessen bereitet diese gequälte Frau ihren Exodus selbst vor. »Sarai bedrückte sie, und darum floh (brḥ) sie vor ihr« – genauso wie Israel später vor dem Pharao fliehen (brḥ) wird (Ex 14,5a). Die erste Episode schließt also damit, daß Hagar ihr Leben selbst in die Hand nimmt, als sie sich von Sarai bedroht fühlt.

C. *Zweite Episode, 16,7-14.* Die Eröffnung der zweiten Episode schließt sich an das Ende der ersten an:

Und Sarai bedrückte sie.
Da floh sie vor ihr.
*Aber der Bote des Herrn fand sie. (16,6b-7a)**

In dem ersten und dritten Satz ist Hagar das direkte Objekt von Verben mit verschiedenen Subjekten. Während ihre Bedrückung durch Sarai eine feindselige Behandlung ist, weiß man noch nicht, welche Bedeutung es hat, daß Gott sie findet. Das göttliche Handeln kann entweder Sarais Handeln durchkreuzen oder es bekräftigen. Wenn das Finden die Bedrückung aufhebt, dann signalisiert Hagars Flucht in der Mitte der Geschichte eine neue Richtung, die von Gott selbst aufgewertet, unterstützt und autorisiert wird. Wenn aber das Finden die Bedrückung verschärft, dann ist die Flucht der Hagar umsonst, da sie von Gott selbst begrenzt, aufgehalten und vereitelt wird. Die Nebeneinanderstellung der drei Sätze läßt uns im Unklaren über die weitere Entwicklung der Geschichte. Zur Entscheidung ist ein weiteres Handeln des Gottesboten notwendig.
Bevor der Erzähler aber fortfährt, vom göttlichen Eingreifen zu berichten, gibt er kurz an, wo Hagar sich befindet. Wie Israel es später

---

* A.O./PTÜ:
And Sarai afflicted her.
So she fled from her.
But the messenger of the Lord found her. *(16,6b-7a)*

tun wird, so flieht auch diese schwangere Magd aus dem Haus der Knechtschaft in die Wüste. Für sie ist dies ein gastlicher Ort, symbolisiert durch eine Quelle am Wege nach Schur, in der Nähe der ägyptischen Grenze.[21] Dort, wo sie Wasser findet, um sich am Leben zu erhalten, ist Hagar schon fast zu Hause. Wie sehr unterscheidet sich ihr Exodus von dem Israels! »Mose ließ Israel ziehen vom Schilfmeer hinaus zu der Wüste Schur. Und sie wanderten drei Tage in der Wüste und fanden kein Wasser« (Ex 15,22 Luth) Mose mußte den Herrn erst um Wasser bitten. Aber Hagar schreit nicht zu irgendeinem Gott, und vor allem nicht zu Jahwe, der dadurch, daß er Sarais Leib verschloß, Bedrückung über die Magd gebracht hatte. Nichtsdestoweniger trifft Hagar, wie Mose, auf Gott, nachdem sie vor ihren Unterdrückern geflohen ist (vgl. Ex 2,15b-16; 3,1-2).[22] Der Bote Jahwes findet sie bei der Wasserquelle in der Wüste. Diese ägyptische Magd ist der erste Mensch in der Bibel, den ein Gottesbote aufsucht![23]

Schon allein die Sprache verrät die Gegenwart Gottes: »Hagar, Sarais Magd, wo kommst du her, und wo willst du hin?« (16,8a Luth) Zum ersten Mal spricht jemand mit Hagar und nennt sie bei Namen. Gott erkennt an, was Sarai und Abram nicht anerkannten: das Personsein dieser Frau. Aber die Apposition »Sarais Magd« schwächt die Anerkennung ab, denn Hagar bleibt im göttlichen Vokabular eine Magd. Anstatt sie aus der menschlichen Fessel der Knechtschaft zu befreien, redet »der Bote des Herrn« (16,7) sie mit »Sarais Magd« (16,8) an. Diese beiden relationalen Identifizierungen stehen in einem auffallenden Gegensatz zueinander, wenn sie auch eine parallele Bedeutung enthalten. »Sarais« zu sein, heißt hier »des Herrn« zu sein.

»Wo kommst du her, und wo willst du hin?« Die Fragen betreffen Herkunft und Ziel. Als sie antwortet, spricht Hagar zum ersten Mal. Der Exodus aus der Unterdrückung befreit ihre Stimme, obwohl das volle Personsein sich ihr noch entzieht. Der Erzähler macht uns diese Einschränkung subtil deutlich, indem er ihren Namen während der ganzen Episode ausläßt, besonders in den Einleitungen zu ihren Reden.[24] Nur weibliche Verbformen oder Pronomen zeigen, daß es Hagar ist, die spricht. Sie selbst gibt diese Unvollständigkeit ihres Personseins zu, als sie auf die göttliche Frage »Wo kommst du her?« mit dem gleichen Satzbau antwortet, in dem die Frage gestellt wurde, obwohl sie gleichzeitig den Inhalt der präpositionalen Wendung und der Verbs verändert. »Sie antwortet: ›Vor dem Gesicht Sarais, meiner Herrin, fliehe ich ('ānōkî)‹« (16,8b). »Wo kommst du her?« Von einem Ort ist sie nicht gekommen, vielmehr ist sie vor einer Person geflohen. Entsprechend der Bezeichnung »Magd Sarais«, weist die Wendung »meine Herrin Sarai« auf die fortbestehende Macht der sozialen Struktur hin. Der Exodus aus der Unterdrückung hat Hagar keine Freiheit gebracht. Sie leistet aber noch Widerstand. »Ich« ('ānōkî), sagt sie mit Nachdruck, »fliehe«. Dieses *Ich* steht dem *Ich* ('ānōkî) Sarais gegenüber (16,5). Machtlosigkeit widersetzt sich der Macht.

»Wo willst du hin?« ist die zweite Frage. Hagar scheint nicht zu antworten. Oder ist Weggehen ihr Ziel? Schließlich bedeutet die Wüste ja Entkommen aus der Unterdrückung, Lebensunterhalt und Offenbarung des Göttlichen. Aber wenn für sie Weggehen das Ziel ist, so ist für den Boten Gottes eine andere Frage noch wichtiger. Die Appositionen »Magd Sarais« und »meine Herrin Sarai« weisen darauf hin, daß die Vergangenheit in die Gegenwart eindringt, um auch noch die Zukunft zu prägen. Deshalb ist die Wüste nicht das Ziel, sondern ein Ort der Umkehr. »Der Bote Gottes« hat »die Magd Sarais« aufgesucht, um ihr zu sagen, wohin ihr Weg eigentlich führt. In dem göttlichen Befehl gehen Herkunft und Ziel ineinander über: »Kehre zu deiner Herrin zurück und leide Bedrückung unter ihrer Hand« (16,9)* Ja, »Sarais« zu sein, ist gleichbedeutend mit »des Herrn« zu sein. Der doppelte Imperativ hebt die Härte des Befehls hervor. Allein könnte die Aufforderung »Kehre zu deiner Herrin zurück« Rückkehr zu dem bedeuten, was am Anfang war: Knechtschaft ohne harte Behandlung. Aber der zweite Befehl macht eine solche Interpretation unmöglich: »Leide Bedrückung unter ihrer Hand«. Das Verb *bedrükken* ('nh) ist dasselbe Wort, das vorher schon für die harte Behandlung gebraucht wurde, die Hagar durch Sarai erfuhr (16,6b). Außerdem wiederholt der Ausdruck *unter ihrer Hand* in etwa die Antwort, die Abram Sarai gab: »Siehe, deine Magd ist *in deiner Hand;* mache mit ihr, was gut ist in deinen Augen« (16,6a).

---

* A.O./PTÜ:
»Return to your mistress, and suffer affliction under her hand« *(16,9)*

Zweifellos sind diese beiden Befehle, zurückzukehren und sich dem Leiden zu unterwerfen, ein göttliches Wort des Schreckens für die gedemütigte, aber mutige Frau. Sie treffen auch den Exodusglauben in seinem Kern. Unerklärlicherweise identifiziert sich der Gott, der später angesichts (r'h) des Leidens ('ŏnî) eines versklavten Volkes herniedersteigt, um sie *aus der Hand* der Ägypter zu befeien (Ex 3,7-8), hier mit dem Unterdrücker und befiehlt einer Magd, nicht nur in die Knechtschaft zurückzukehren, sondern auch in das Leiden.[25] Somit findet die Ungewißheit am Anfang dieser Episode ihre Auflösung darin, daß das Leiden gutgeheißen wird. »Sarai bedrückte sie« (16,6b)* und »der Bote des Herrn fand sie« (16,7a) stehen parallel zueinander in Form und Inhalt. Umzingelt von diesen Sätzen erweist sich Hagars Flucht als vergeblich.
Sicher, zwei Verheißungen begleiten die göttliche Anordnung, zurückzukehren und Bedrückung zu erleiden, aber jede ist mit Ambivalenz befrachtet.[26] Die erste versichert Hagar einer zahlreichen Nachkommenschaft: »Ich will deine Nachkommen so mehren, daß sie der großen Menge wegen nicht gezählt werden können« (16,10 Luth).** Während alle Patriarchen Israels solche Worte hören,[27] ist Hagar die einzige Frau, an die sie jemals gerichtet werden. Und doch fehlt dieser Verheißung der Kontext des Bundes, der so entscheidend für die Urväter ist.
Nach dieser Zusicherung einer zahllosen Nachkommenschaft konzentriert sich der Blick auf die zweite Verheißung, die Ankündigung der Geburt eines Kindes.[28] Hagar weiß zwar, daß sie schwanger ist, aber der göttliche Bote sanktioniert das, was durch menschliche Machenschaften entstanden ist. Die Verkündigung hat drei grundlegende Elemente: die Voraussagen der Geburt eines männlichen Kindes, der Namensgebung und der Zukunft des Kindes.[29]

Siehe, du bist schwanger
und du wirst einen Sohn gebären,

---

* A.O./PTÜ:
Sarai afflicted her. *(16,6b)*

** RSV:
I will so greatly multiply your descendants,
that they cannot be numbered for multitude. *(16,10)*

den sollst du Ismael nennen;
weil der Herr gehört hat, wie du littest.
Er wird ein Mensch sein wie ein Wildesel,
seine Hand wider jedermann und jedermanns
Hand wider ihn;
Und allen seinen Brüdern setzt er sich
vors Gesicht. (16,11-12 Zür)

Als erste, der eine Verkündigung zuteil wird, ist Hagar, die Ägypterin, der Prototyp besonderer Mütter in Israel.[30] Denn ihr ungeborenes Kind bedeutet nicht nur Genugtuung für sie, sondern auch Leiden. Der Name Ismael (»Gott hört«) bestätigt die beiden Bedeutungen.[31] Hagar hat zwar nie zu Gott geschrien, aber Gott hat ihr Elend ('nh; 16,6) erhört und ihr eine Zukunft durch einen Sohn zugesichert.[32] Die Verheißung scheint Sarais Plan, sich durch Hagar aufzubauen, zu durchkreuzen.[33] Somit gewinnt Hoffnung die Oberhand. Andererseits hat Gott von Hagars Leiden auch schon gewußt, als er ihr gebietet, sich weiterhin Sarai zu unterwerfen ('nh; 16,9). Leiden unterhöhlt die Hoffnung. Ein Schwert dringt durch Hagars Seele. Die göttliche Verheißung Ismaels bedeutet ein Leben an der Grenze zwischen Trost und Trostlosigkeit.
Nachdem der Mutter die Geburt verkündet worden ist, ist nur noch von dem Sohn die Rede. Die Anteilnahme an dem Mann lenkt das Interesse von der Frau ab. Ismael wird ein Wanderer und Einzelgänger sein, im Streit selbst mit seinem eigenen Volk. Zwei Wörter in der Beschreibung aber spiegeln Hagars Geschichte wider: *Hand* und *Gesicht.* »Seine *Hand* [wird sein] wider jedermann und jedermanns *Hand* wider ihn« (16,12b). Solche Ausdrücke erinnern an Abrams Worte, die er zu Sarai sagt: »Siehe nun, deine Magd ist in deiner *Hand*« (16,6) und auch an Jahwes Befehl, den er Hagar gibt: »Kehre zu deiner Herrin zurück und leide Bedrückung unter ihrer *Hand*« (16,9). Wenn Hagar unter der Hand Sarais lebt, so wird sich Ismaels Hand in endlosem Streit gegen eine solche Macht erheben. Er wird sich »allen seinen Brüdern . . . vors *Gesicht* setzen« (16,12c). Das Wort *Gesicht* stellt auch eine Verbindung mit dem Handeln seiner Mutter her, als sie sagte: »Vor dem Gesicht Sarais, meiner Herrin,

fliehe ich« (16,8). Mit Ismael wird also Hagars Geschichte fortgeführt.

Hagar reagiert auf diese ambivalenten Verheißungen des Himmelsboten, indem sie »den Namen Jahwes ruft, der mit ihr gesprochen hat« (16,13a). Die Wortwahl ist auffallend, weil eher ein Benennen als ein Anrufen darin mitschwingt. Mit anderen Worten, Hagar ruft den Namen Gottes nicht *an* (qr'bšm yhwh; vgl. Gen 12,8; 13,4), sondern sie ruft den Namen (qr šm-yhwh), eine Stärke, die sonst niemandem in der ganzen Bibel zugesprochen wird. »Sie ruft den Namen Jahwes, der mit ihr gesprochen hat: ›Du bist El-Roi [d. h. Gott des Schauens]*‹« (16,13b Zür)[34] Die Magd, die einen neuen Blick für Sarai bekam (16,4), als sie sah (r'h), daß sie empfangen hatte, sieht (r'h) nun, nachdem ihr die bevorstehende Geburt verheißen worden ist, Gott auf eine ganz neue Weise.[35] Hagar ist eine Theologin. Ihre Benennung faßt diese Begegnung zwischen Mensch und Gott zusammen: der Gott, der sieht, und der Gott, der gesehen wird.[36]

Sie gibt zu diesem Namen noch eine Erklärung, die aber verwirrt, weil das Hebräische nicht deutlich ist. »Denn sie sagte: ›Habe ich hier dem nachgeschaut (r'h), der mich sieht (r'h)?‹«** (16,13c).[37] Vielleicht stellt Hagar ihr eigenes Verständnis der Offenbarung, die ihr gerade zuteilgeworden ist, in Frage. Der Gott, der sie sieht, bleibt unklar für sie. Diesem schwer verständlichen Kommentar fügt der Erzähler eine erklärende Bemerkung hinzu, indem er ihren Aufenthaltsort als »den Brunnen des Lebendigen, der mich sieht« (r'h; 16,14a Luth) identifiziert. Aber diese Verbindung zwischen ihren Worten und ihrem Aufenthaltsort ist genauso nebulos.[38] Am Ende bleibt die Bedeutung von Hagars Frage ungewiß. Wir wissen nur, daß die Magd, die Gott »den Gott des Schauens« nennt, zurückkehren muß in das Leiden, das Jahwe ihr auferlegt hat, genaugenommen

---

* A.O./PTÜ:
She calls the name of Yahweh who has spoken to her, ›You are a God of seeing‹ *(16,13b)*

** A.O./PTÜ:
For she said, ›Have I even here seen after the one who sees me?‹ *(16,13c)*

zu der Herrin, die in ihren Augen gering ist. Ein Kreis der Knechtschaft schließt sich um Hagar.

D. *Schluß, 16,15-16.* Von ihrer Rückkehr und Bedrückung unter Sarai sagt der Erzähler nichts. Statt dessen endet die erste Szene mit einem formelhaften Bericht von der Geburt Ismaels, durch die Abram erhöht wird.[39]

Und Hagar gebar dem Abram einen Sohn,
und Abram nannte den Namen seines Sohnes,
den Hagar gebar, Ismael.
Abram war 86 Jahre alt,
als Hagar Ismael gebar dem Abram. (16,15-16)*

Das allererste Wort in der Geschichte war Sarai (16,1); das letzte ist Abram. Die Einleitung hatte einen negativen Ton: »gebar ihm kein Kind«, der Schluß korrespondiert mit dem positiven Wort »gebar Ismael dem Abram«. Diejenige, die die Geschichte von einem traurigen Anfang zu einem glücklichen Ende führt, ist Hagar. Jedoch verläuft ihre eigene Geschichte ganz und gar konträr zu dieser Bewegung.

Es überrascht nicht, daß das Ende dieser Szene weiterhin die Stellung Hagars schwächt. Erstens: Obwohl ihr ihr Name wiedergegeben wird, wird ihre Stimme zum Schweigen gebracht. Zweitens: Nicht ihre Mutterschaft wird betont, sondern die Vaterschaft Abrams,[40] den der Bote Jahwes überhaupt nicht erwähnt hatte. Drittens: Daß Abram dem Sohn den Namen Ismael gibt, beraubt Hagar der Macht, die Gott ihr gegeben hatte. Aber auch Sarai wird durch das Ende herabgesetzt. Diejenige, die davon sprach, sich – nicht Abram – durch Hagars Kind aufzubauen, wird überhaupt nicht mehr erwähnt. Weder Hagar noch Sarai, sondern Abram hat

---

* A.O./PTÜ:
And Hagar bore to Abram a son,
and Abram called the name of his son,
whom Hagar bore, Ishmael.
Now Abram was eighty-six years old,
when Hagar bore Ishmael to Abram. *(16.15-16, RSV*)*

einen Sohn, den er Ismael nennt. Das Patriarchat hat wieder alles unter Kontrolle. Der Schluß dieser Szene, die sich auf Frauen konzentrierte, fährt nun wieder mit Abrams Geschichte fort.

Die Überleitung

Gen 17,1-21,8. Die Wiederaufnahme von Abrams Geschichte bringt Veränderungen für alle Personen mit sich. Abram und Sarai, der Patriarch und seine Frau, werden zu Abraham und Sara (17,5,15). Hagar tritt in den Hintergrund, jedoch ihre Geschichte geht weiter. Ismael wird von Gott abgelehnt, nur weil Hagar, und nicht Sara, seine Mutter ist (17,15-21). Insofern dreht sich Abrahams Geschichte weiterhin um diese zwei Frauen, und wieder erhält Sara das bessere Teil: die göttliche Verheißung eines eigenen Sohnes (18,1–15).[41] Sie aber lacht nur in sich hinein über die Möglichkeit, daß sie in ihrem hohen Alter noch ein Kind bekommen soll (18,12). Im Unterschied zu Hagar wird Sara niemals eine Ankündigung der Geburt zuteil. Tatsächlich spricht Jahwe nur einmal zu ihr, und auch dann nur mit einem kurzen Verweis wegen ihres ungläubigen Gelächters (18,15).

Mit Verheißung und Verzögerung, Zweifel und Betrug bewegt sich die Handlung auf die Geburt Isaaks zu, den Sara dem Abraham durch die Gnade Gottes gebiert (21,1-8).[42] Ihre Reaktion auf diese wundersame Geburt zeigt, daß sie nun zwar an Ansehen gewonnen hat, aber nicht durch sich selbst, sondern dadurch, daß sie Abraham einen Sohn geschenkt hat:

»Wer hätte wohl von Abraham gesagt,
daß Sara Kinder stille:
Und doch (kî) habe ich ihm einen Sohn geboren
in seinem Alter.«[43] (21,7; Luth)*

---

* A.O./PTÜ:
Who would have said to Abraham,
»Children Sarah will nurse;«
Yet I have borne him a son
in his old age. *(21,7, RSV*)*

Was die Kultur von Sara erwartet und was sie durch ihre Magd zu erlangen versuchte, das hat Gott ihr endlich gegeben. Aber dadurch werden ihre Schwierigkeiten mit Hagar nicht geringer, im Gegenteil, sie verschärfen sich durch Isaaks Dasein noch. Darum tauchen weitere Bruchstücke von Hagars Geschichte in der zweiten Szene auf.

Der Weg ins Exil

Szene 2; Gen 21,9-21

Szene 2 ist zwar ähnlich wie Szene 1 angelegt, hat aber eine kompliziertere Handlung. Ismael und Isaak vergrößern das Ensemble und bringen weitere Veränderungen mit sich. Im Gegensatz zu der Parallelstelle (16,2-6) schildert die 1. Episode (21,9-14abc) Sara als eine, die weniger spricht, aber mehr erreicht, Abraham als einen, der nicht spricht, aber Widerstand leistet, Gott als den direkt Intervenierenden und Hagar als eine, die immer mehr leidet.

A. *Einleitung und 1. Episode, 21,9-14abc.* Der Erzähler leitet die Geschichte ein, indem er auf eine weitere Spannung zwischen den beiden Frauen hinweist. Sie wird von Sara provoziert.
Und Sara sah den Sohn Hagars, der Ägypterin,
den sie Abraham geboren hatte, wie er Mutwillen trieb.[44] (21,9; Luth)*

Die Bezeichnung »der Sohn Hagars, der Ägypterin« stellt die Mutter heraus, nicht das Kind. Die Worte »den sie Abraham geboren hatte« erinnern an die Rolle, die Sarai dabei spielte, Hagar zu Abrams Frau zu machen. Und das Verb *sehen* (r'h), das Saras Tun hier beschreibt, wurde auch schon benutzt, um von Hagars Reaktion auf ihre Schwangerschaft zu berichten; »Als sie sah (r'h), daß sie empfangen hatte, war ihre Herrin gering in ihren Augen« (16,4c).

* A.O./PTÜ:
Now Sarah saw the son of Hagar the Egyptian,
whom she had borne to Abraham, playing. *(21,9 RSV*)*

Nun sieht Sara also die Frucht dieser Empfängnis, und die Feindseligkeit zwischen der hebräischen Herrin und ihrer ägyptischen Magd nimmt zu.
Was der Erzähler andeutet, wird durch Saras Worte bekräftigt, ja verschärft. Sie begründet ihren Widerstand mit dem sozialen Unterschied und gebietet dem Abraham:

Treibe (grš) diese Sklavin aus mit ihrem Sohn,
denn der Sohn dieser Sklavin soll nicht erben
mit meinem Sohn, mit Isaak. (21,10)*

Die Gegenwart Ismaels in Kanaan stört die Zukunft Isaaks, dessen Erbe dadurch gefährdet wird.[45] In ihrem Bestreben, die Gefahr zu beseitigen, würdigt Sara Hagar und Ismael herab, während sie sich und Isaak herausstreicht. Der Ausdruck »ihr Sohn« ohne den Namen Ismael[46] steht im Gegensatz zu »mein Sohn . . . Isaak«, und die Bezeichnung »diese Sklavin« anstatt »meine Magd« (vgl. 16,2) vergrößert die Distanz zwischen Hagar und Sara noch.[47] Es fehlt nicht nur das Possessivpronomen *meine*, sondern der Austausch der Substantive zeigt auch eine Veränderung in Hagars sozialem Status. War sie in der 1. Szene noch eine Magd (sipḥa) für Sara, so ist sie nun zu einer Sklavin ('āmâ) geworden, die dem Herrn des Hauses als seine zweite Frau dient.[48] Im Gegensatz dazu ist Sara, die erste Frau, nun im Besitz einer Macht, die größer denn je ist, weil sie einen Sohn geboren hat. Während das Leben der Herrin Erfolg hat, hat sich die Lage der Sklavin immer mehr verschlechtert.[49]
Mit einem beunruhigenden Unterschied nehmen Saras Worte das Vokabular und die Themen der Exodusgeschichte vorweg. Als eine der Plagen das Leben seines erstgeborenen Sohnes bedrohen, vertreibt (grš) der Pharao die hebräischen Sklaven.[50] Wie jener Herrscher will Sara, die Herrin, das Leben ihres eigenen Sohnes schützen, indem sie Hagar, die Sklavin, vertreibt (grš). Hagar ist schon einmal vor der Bedrückung geflohen (16,6b), und so nimmt sie auch

---

* A.O./PTÜ:
Cast out this slave woman and her son,
for the son of this slave woman will not inherit
with my son, with Isaac. *(21,10 RSV*)*

jetzt wieder Israels Geschichte vorweg. Die Rolle, die Sara dabei spielt, entspricht der Rolle Ägyptens bei Israels Exodus. Welch eine Ironie liegt darin! Dem Erzähler zufolge mißbilligt Abraham Saras Befehl und geht deshalb aus seiner gewohnten nachgiebigen Haltung heraus. Er hat allerdings nur seinen Sohn Ismael im Auge. Um Hagar, seine Frau, macht er sich überhaupt keine Gedanken.

Die Sache war sehr betrübend (r'')
in den Augen Abrahams
um seines Sohnes willen ('al 'ôdōt) (21,11)*

Jedoch durch seinen Widerstand wird Saras Macht nur noch größer, denn Gott ergreift ihre Partei. Er beeinflußt und ändert Abrahams Einstellung.[51]

Sei nicht betrübt (r'') in deinen Augen
um des Knaben willen ('al)
und um deiner Sklavin willen ('al). (21,12a)**

Obwohl dieser Imperativ größtenteils die Worte des Erzählers wiederholt, verdienen die Veränderungen Aufmerksamkeit. Um Abrahams Beziehung zu Ismael herunterzuspielen, nennt Gott ihn »den Knaben« und nicht »deinen Sohn«. Außerdem bezeichnet Gott Hagar nicht als »deine Frau«, sondern als »deine Sklavin«, eine Beschreibung, die Saras Vokabular in verräterischer Weise nachahmt (21,10). Wenn Abraham sich schon nicht um Hagar kümmert, würdigt Gott sie noch mehr herab.

Mit einem zweiten Imperativ bekräftigt Gott ausdrücklich Saras Befehl: »In allem, was Sara zu dir sagt, höre auf sie« (21,12b Zür, vgl. 16,2).[52] Eine Begründung folgt: »Denn nur nach Isaak soll dein

---

* A.O./PTÜ:
The matter was very distressing
in the eyes of Abraham
on account of his son. *(21,11)*

** A.O./PTÜ:
Do not be distressed in your eyes
on account of the lad
and on account of your slave woman. *(21,12a)*

Geschlecht benannt werden« (21,12c Zür). Mitten in Saras Triumph bringt das Wort »Geschlecht« (zr') Hagars Geschichte wieder in Erinnerung. Vor langer Zeit hatte der Bote Jahwes in der Wüste zu ihr gesagt: »Zahlreich machen will ich dein Geschlecht« (zr', 16,10; Zür). Diese Verheißung wurde Hagar allein gemacht, ohne daß auf den Vater ihres Kindes Bezug genommen wurde (16,10). Einander gegenübergestellt, scheinen diese beiden Verheißungen einer zahlreichen Nachkommenschaft – Hagar durch Ismael und Abraham durch Isaak – Hagar die einzigartige Ehre zuzuschreiben, daß sie die weibliche Vorfahrin eines Volkes ist.[53] Diese Interpretation läßt sich jedoch in Hinblick auf Gottes abschließende Worte an Abraham nicht halten:

Doch auch (gam) den Sohn der Sklavin
will ich zu einem Volk machen,
weil er deines Geschlechtes (zr') ist. (21,13)*

Die Syntax dieses Satzes stellt das Objekt vor das Verb und hebt dadurch das Kind der Sklavin hervor. Für Hagar ist diese offenbar nachträgliche Überlegung schlimm, weil dadurch ihre Nachkommenschaft Abraham zugesprochen wird. Auf verschiedene Weise wird Hagar also von allen herabgesetzt, von Sara, Abraham, Gott und sogar von Ismael.

Um das Leben ihres eigenen Kindes zu schützen, gebietet Sara dem Abraham: »Treibe diese Sklavin aus und ihren Sohn . . .« (21,10a). Und Gott unterstützt Sara, indem er Abraham befiehlt zu gehorchen. Obwohl diese Anweisungen Themen und Vokabular der Exodusgeschichte vorwegnehmen, ist der Unterschied wieder einmal erschreckend. Als der Pharao die hebräischen Sklaven vertrieb (grš), um das Leben seines Erstgeborenen zu schützen,[54] war Gott auf ihrer Seite, um ihnen Errettung aus der Vertreibung zu bringen. Im Gegensatz dazu identifiziert sich Gott hier nicht mit der leidenden

---

* A.O./PTÜ:
Also the son of the slave woman
a nation I will make,
for your descendant he is. *(21,13)*

Sklavin, sondern mit ihren Unterdrückern. Hagar lernt Verbannung, nicht Befreiung kennen.
Abraham gehorcht Sara und Gott und wird dadurch ein aktiv Handelnder im Leiden Hagars (vgl. 16,3,6). Der Ehemann vertreibt seine Frau, die eine Sklavin ist, und der Vater seinen Sohn; allerdings erwähnt der Erzähler in seinem Bericht diese verwandtschaftlichen Beziehungen nicht. Abraham selbst sagt nichts, aber er gibt den Ausgestoßenen Brot und Wasser. Solch Proviant legt nahe, daß die Zukunft für Mutter und Kind prekär wird.

Da stand Abraham früh am Morgen auf[55]
und nahm Brot und einen Schlauch mit Wasser
und legte es Hagar auf ihre
Schulter, dazu den Knaben.[56] (21,14abc Luth)

Der Erzähler nennt Hagar am Ende dieser Episode mit Namen und entspricht damit der Hervorhebung des Names am Anfang (21,9). Abrahams letzte Tat läuft aber doch nur auf das eine hinaus: »Er schickte sie [Singular, nicht Plural] fort« (21,14d Luth). Ähnlich wie das Verb *vertreiben,* nimmt das Verb *schicken* das Vokabular der Exodusgeschichte vorweg, allerdings mit einem beunruhigenden Unterschied. Wenn der Pharao die hebräischen Sklaven *fortschickt* (šlḥ), so bedeutet das gleichzeitig Freiheit für sie, wenn Abraham aber die ägyptische Sklavin fortschickt, so ist das für sie eine Verbannung.[57] Das ganze Reden über Hagar hat zu einem Handeln gegen sie geführt. Mit diesem negativen Ton schließt die erste Episode.

B. 2. *Episode. 21,14e-19.* Hagar ist zwar in der ersten Szene schon vor Sarai geflohen, dieses Mal aber hat sie keine Wahl. Sie muß tun, was Sara, Gott und Abraham ihr auferlegen. Deren Befehle bestimmen ihr Weggehen. »Da zog sie hin« (21,14e Luth) ist das, was auf die Aussage folgt: »Er schickte sie fort« (21,14d Luth).[58] Während in den Exodusüberlieferungen das Verb *hinziehen* (hlk) als Reaktion zu *fortschicken* (šlḥ) das beschreibt, was die Hebräer tun wollen,[59] ist in Hagars Geschichte die entsprechende Handlung das, was die Sklavin tun muß. Gleiche Wörter und ähnliche Themen erzählen gegensätz-

liche Geschichten. Als sie das Land ihrer Knechtschaft verläßt, lernt Hagar nicht den Exodus, sondern das Exil kennen.
Ein zweites Verb gibt ihr Ziel an: »und irrte in der Wüste umher bei Beerscheba« (21,14f; Luth). Das Verb *umherirren* (t'h) beinhaltet Ungewißheit, Mangel oder Verlust der Richtung und eventuell auch bittere Not.[60] Da dieses Wort niemals das Tun der Hebräer nach ihrem Auszug aus Ägypten beschreibt, weist sein Gebrauch für Hagar darauf hin, daß ihr Erlebnis der Wüste anders ist als das der Hebräer. Fortgeschickt aus dem Land ihrer Knechtschaft, »zog sie hin und irrte in der Wüste umher . . .«. Durch das Ponomen *sie* wird Hagar zum ersten Mal in dieser Szene zum Subjekt aktiver Verben. Wenn Verbannung schon keine Befreiung ist, so bringt sie sie doch dem Personsein näher. Diese Entwicklung beginnt mit der 2. Episode.
Im Gegensatz zu ihrer Parallele in Szene 1 enthält diese Episode in der Wüste zwei Abschnitte. Der erste (21,14e-16) schildert Hagar allein mit ihrem Kind; da ist kein göttlicher Bote mehr, der sie bei einem Wasserbrunnen findet. Tatsächlich liefert, im Unterschied zu der Gegend von Schur, das Gebiet um Beerscheba überhaupt kein Wasser.[61] Außerdem liegt es nicht an der Grenze zu Ägypten. Diese Wüste, die Hagar in ihrem aufgezwungenen Exil – nicht nach freiwilliger Flucht – aufnimmt, ist ein dürrer und fremder Ort. Er bietet dem Kind ein Totenbett.

Als nun das Wasser in dem Schlauch ausgegangen war,
ließ[62] *sie das Kind unter einem Strauch.* (21,15)*

Wenn er »das Kind« (yld) und nicht »ihr Kind« oder »ihren Sohn« sagt, so deutet der Erzähler damit emotionale Distanz an, die zur körperlichen Distanz wird.

Und [sie] ging hin und setzte sich gegenüber
von ferne, einen Bogenschuß weit.[63] (21,16a Luth)**

---

* A.O./PTÜ: When the water in the skin was gone,
she left the child under one of the bushes. (21,15 RSV*)

** A.O./PTÜ: Then she went and sat down over against him
a good way off, about the distance of a bowshot. *(21,16a RSV)*

Im Unterschied zu dem Dornbusch (seneh) in der Wüste am Horeb (Ex 3,2) offenbart der Strauch (śîah), unter dem der Junge liegt, keinen Boten Gottes in einer Feuerflamme.[64] Voller Verzweiflung denkt Hagar über den nahe bevorstehenden Tod ihres Kindes nach. Es geht über ihre Kraft. Es ist das einzige Mal in dieser ganzen Szene, daß sie spricht,[65] wenn auch ihre Äußerung vielleicht nur ein Bei-sich-Denken ist.[66] Die Worte vertiefen das Bild dieser Frau und vermitteln uns einen Eindruck von ihrem Leiden und ihrer Einsamkeit in der Wüste des Exils. »Denn sie sprach: ›Laß mich nicht sehen (r'h) den Tod des Kindes‹« (21,16b). Nachdem sie einst sah (r'h), daß sie empfangen hatte, und auch den Gott sah (r'h), der jenes neue Leben guthieß (16,4,13), versucht die Mutter nun, ihren Blick vor seinem Sterben zu verschließen. Ebenso wie der Erzähler (21,15) benutzt sie ein Vokabular, das Distanz ausdrückt. Sie spricht von »dem Kind« anstatt von »meinem Kind« oder »meinem Sohn«. Diese letzten Worte Hagars richten sich an niemanden, sie ergeben sich dem Tod.

Hagar weint. Der hebräische Text sagt es ganz deutlich: »Sie erhob ihre Stimme und weinte« (21,16c Luth). Von alters her haben jedoch Übersetzer die Frau ihres Kummers beraubt, indem sie die eindeutig femininen Verbformen in maskuline Konstruktionen umänderten.[67] Solche Veränderungen lassen das Kind seine Stimme erheben und weinen. Aber solche maskulinen Korrekturen können Hagar nicht zum Schweigen bringen. Eine Heerschar von femininen Verbformen in diesem Abschnitt bezeugen unzweifelhaft ihre Tränen: Sie ging fort, und sie irrte in der Wüste umher; sie fand einen Platz, wo ihr Kind sterben konnte, sie wachte bei ihm, und sie äußerte die furchtbaren Worte »der Tod des Kindes«. Nun, da sie in einer gewissen Entfernung von ihm sitzt, erhebt *sie* ihre Stimme, und *sie* weint. Ihr Kummer, so wie ihr Sprechen, ist sich selbst genug. Sie schreit nicht zu jemandem, sie fleht Gott nicht an. Eine Madonna allein mit ihrem sterbenden Kind – Hagar weint.

Unter den wenigen Fragmenten, die Hagars Geschichte zugänglich machen, ist es nur dieser Abschnitt (21,14e-16), der sie getrennt von allen anderen Hauptpersonen schildert. Obwohl das Kind im Sterben liegt, richtet sich das Interesse des Erzählers durchgehend auf die Mutter, ihr Handeln, ihre Gedanken, ihre Worte, ihre Emotionen. Mit einer geringfügigen Ausnahme (21,15a) ist sie das Subjekt zu jedem Verb. Aber ihre Machtlosigkeit wird deutlich in der Abwesenheit ihres Names. Überdies ist sie als Subjekt auch Objekt, da sie in die Wüste vertrieben worden ist. Während die Wüste, die sie sich in der 1. Szene ausgesucht hatte, ein gastlicher, wenn auch vorübergehender Aufenthaltsort war, ist die Wüste, die ihr in der 2. Szene aufgezwungen wird, ein feindlicher, aber dauerhafter. Somit verkörpert dieses eine Symbol für Hagar die Polarität von Leben und Tod.

In späteren Zeiten wird Israel diese Polarität erfahren, wenn seine triumphale Flucht in die Freiheit zu einem vierzigjährigen Leben in der Wüste wird. Im Unterschied zu Hagar wird Israel klagen, es wird murren und rebellieren, es wird Essen und Wasser fordern.[68] Und doch wird Gott die ganze Zeit auf Israels Seite sein. Was mit Hagar geschieht, ist das Gegenteil. Gott unterstützt, ja befiehlt ihren Aufbruch in die Wüste nicht, um sie von der Knechtschaft zu erlösen, sondern um das Erbe ihrer Unterdrücker zu schützen.

Wenn in dem ersten Abschnitt dieser Episode (21,14e-16) Hagar die größte Aufmerksamkeit zugewandt wird, so beginnt sie im zweiten (21,17-19) zurückzutreten, während das Kind in den Vordergrund kommt. Gott verursacht diesen Unterschied. Die Ausdrucksweise des Erzählers am Ende und am Beginn der beiden Abschnitte signalisiert diesen Wechsel. Hagar »erhob ihre Stimme und weinte« (21,16c) geht über in »Gott hörte die Stimme des Knaben« (21,17a). Der Wechsel im Vokabular von »dem Kind« (yld) zu »dem Knaben« (n'r) weist auch auf diesen Übergang hin.

Das Weinen der Mutter trifft nur auf Gottes Schweigen, die Stimme des Knaben hingegen bewirkt, daß Gott spricht. Aber anstatt Hagar in der Wüste aufzusuchen (16,7), ruft der Bote Gottes ihr von ferne, »vom Himmel her« zu. Wie bei der ersten Gelegenheit stellt Gott eine Frage und redet sie mit Namen an. »Was ist dir, Hagar?« (21,17c Luth). Dieses Mal hat Hagar, die nun verbannt und nicht freiwillig geflohen ist, aber keine Gelegenheit zu antworten. Gott fährt fort zu sprechen. Während sie bei ihrem Exodus dem Herrn antwortete, hört sie in ihrem Exil einen Gott, der hauptsächlich um ihren Sohn besorgt ist: »Fürchte dich nicht; denn Gott hat die

Stimme des Knaben gehört, dort wo er liegt« (21,17 Zür)*.[69] Wenn er mit Hagar über ihr Kind spricht, benutzt Gott nie das Substantiv *Sohn* oder das Possessivpronomen *dein*. Gott folgt dem Beispiel des Erzählers, indem er sich auf Ismael als auf »den Knaben« bezieht. In subtiler Weise wird die Mutterschaft Hagars untergraben.

»Fürchte dich nicht; denn Gott hat die Stimme des Knaben gehört, dort wo er liegt.« Dieses göttliche Wort des Trostes bekräftigt die Verschiebung des Interesses von der Madonna zum Kind, die der Erzähler eingeleitet hat. Als er fortfährt, erhöht Gott »den Knaben« und macht Hagar dabei nur zu seiner Helferin:

Stehe auf, nimm den Knaben
und führe ihn an deiner Hand;
denn ich will ihn zum großen Volk machen. (21,18 Luth)**

Im Unterschied zu der Offenbarung in der 1. Szene enthält diese Äußerung keine Verheißung für Hagar (vgl. 16,10). Schließlich ist ja auch die Verheißung, daß *ihre* Nachkommen unzählige würden, schon auf Abraham übergegangen (21,12-13), und durch ihn geht sie auf seinen Sohn über. Hagar nimmt an Bedeutung ab, während Ismael zunimmt. Nachdem sie unter der Hand ihrer Herrin Sarai gelebt hat (16,6,9), muß diese Frau nun die Hand »des Knaben« hochheben.

Die Worte der Gotteserscheinung lindern aber die unmittelbare Not der Verbannten. In seinem folgenden Bericht schildert der Erzähler die Frau als eine, die dem Kinde dient, wie Gott es beschlossen hat:

Und Gott tat ihr die Augen auf,
daß sie einen Wasserbrunnen sah.
Da ging sie hin und füllte den Schlauch mit Wasser
und tränkte den Knaben. (21,19 Luth)

---

* A.O./PTÜ:
Hagar lifted up her voice and wept. *(21,16c)*
God heard the voice of the lad. *(21,17a)*

** A.O./PTÜ:
Arise, lift up the lad
and hold him by your hand,
for I shall make him a great nation. *(21,18 RSV*)*

Wieder einmal wird in Verbindung mit Hagar vom Sehen gesprochen. Zu Beginn dieser Episode, als das Wasser in dem Schlauch aufgebraucht ist, sagt sie: »Laß mich nicht sehen (r'h) den Tod des Kindes« (21,16b). Als Gott nun ihre Augen öffnet, sieht (r'h) sie einen Wasserquell,[70] füllt den Schlauch und gibt dem Knaben zu trinken. Das Leben überwindet den Tod. Aber dieses Mal wird vom »Sehen« ganz anders gesprochen als bei Hagars früherem Aufenthalt in der Wüste. Damals war sie die Theologin, die Jahwe den »Gott des Schauens« (16,13) nannte. Dieses Mal verstummt sie, und ihr Blick ändert sich. Sie sieht nicht Gott, sondern nur die materiellen Dinge, mit denen sie ihr Kind in der Wüste des Exils ernähren kann.[71] Von der Knechtschaft über die Vertreibung in die Heimatlosigkeit, so bringt die zweite Szene Hagars Geschichte nun zu ihrem Abschluß.

C. *Schluß, 21,20-21.* Jahre vergehen, in denen Hagar Ismael dient. Zuerst würdigt der Erzähler nur das Tun Gottes:

Und Gott war mit dem Knaben.
Der wuchs heran und wohnte in der Wüste
und wurde ein guter Schütze. (21,20 Luth)

Es geht Ismael gut. Die Wüste wird ihm zur Heimat und gibt ihm Arbeit. Um das Bild abzurunden, wendet sich der Erzähler aber dann von der Fürsorge Gottes dem Handeln Hagars zu. Zum letzten Mal erscheint ihre Gestalt in der hebräischen Bibel,[72] und zum letzten Mal wird sie »Mutter« genannt. Ismael ist allerdings immer noch »der Knabe«, nicht ihr Sohn. Die Mutter fährt fort, ihm zu dienen und findet eine Frau für ihn.

Er wohnte in der Wüste Paran,[73]
und seine Mutter nahm ihm eine Frau
aus Ägyptenland. (21,21 Luth)

Die Wahl einer Ehefrau für Ismael macht die Spannung, unter der Hagars Geschichte steht, deutlich. Nachdem Gott ihr zuerst zahllose Nachkommen (16,10) verheißen hat, übertrug er jene Verheißung später auf Abraham (21,13). Mit ihrer letzten Handlung stellt Hagar sicher, daß diese Nachkommen Ägypter sein werden.[74] Somit plant die Mutter für sich eine Zukunft, die ihr von Gott genommen worden war. An diesem ergreifenden Punkt endet Hagars Geschichte, aber die Reaktion des Lesers noch nicht.

Reflexionen über Hagars Geschichte

Da Hagar in einer Erzählung vorkommt, in der sie ausgestoßen wird, ist sie nur eine flüchtige, aber zugleich auch beunruhigende Gestalt in der Schrift. Ihre Geschichte aus den noch vorhandenen Bruchstücken zu rekonstruieren, ist eine prekäre Aufgabe. Nichtsdestoweniger ergeben sich daraus eine Fülle von hermeneutischen Überlegungen. In vielfacher und verschiedener Weise trägt Hagar dazu bei, den Glauben zu gestalten, sie stellt ihn aber auch in Frage. Angesichts heutiger Probleme und Vorstellungen schildert ihre Geschichte Unterdrückung in drei bekannten Formen: Nationalität, Klasse und Geschlecht. Hagar, die Ägypterin, ist eine Magd; Sara, die Hebräerin, ist ihre Herrin. Die Konflikte zwischen diesen beiden Frauen drehen sich um drei Männer. Im Mittelpunkt steht Abraham, ihr gemeinsamer Ehemann. Zu ihm gehören Ismael, Hagars Kind, und Isaak, das Kind Saras. Wegen ihres Ehemannes und seiner beiden Söhne geraten diese beiden Frauen in Konflikt miteinander. Von Anfang an ist Hagar jedoch die Unterlegene, weil Gott Sara unterstützt. Auf ihre Stellung festgelegt, ist die Sklavin das unschuldige Opfer von Gebrauchtwerden, Demütigung und Verbannung.[75]

Als Symbol für die Unterdrückten bedeutet Hagar vielen Menschen vieles. Insbesondere finden alle möglichen abgelehnten Frauen ihre Geschichten bei ihr wieder.[76] Sie ist die treue Magd, die ausgebeutet wird; die Schwarze, die von dem Mann der herrschenden Klasse gebraucht und von seiner Frau gedemütigt wird;[77] die Ersatzmutter, die Ausländerin ohne rechtlichen Schutz; die »andere Frau«, die weggelaufene Jugendliche; die Religiöse, die vor der Bedrückung flieht; die schwangere, alleingelassene junge Frau; die verstoßene Ehefrau; die geschiedene Mutter mit Kind; die Dame, die in ihrer Einkaufstasche Brot und Wasser trägt, die Obdachlose; die Bedürftige, die von den milden Gaben der Mächtigen abhängig ist, die

Wohlfahrtsempfängerin; die Aufopferungsvolle, deren eigene Identität im Dienst an anderen verlorengeht.

Aber Hagar symbolisiert nicht nur verschiedene Arten von Menschen und ihre Lebensbedingungen in der modernen Gesellschaft, sie ist auch eine entscheidende Gestalt in der biblischen Theologie. Sie ist der erste Mensch in der Schrift, den ein göttlicher Bote aufsucht, und der einzige Mensch, der es wagt, den Namen Gottes zu nennen. Im Rahmen der historischen Erinnerungen Israels[78] ist sie die erste Frau, die ein Kind gebiert. Diese Empfängnis und Geburt machen sie zu einer außergewöhnlichen Gestalt in der Geschichte des Glaubens: die erste Frau, die eine Verkündigung hört, die einzige, der eine göttliche Verheißung von Nachkommenschaft zuteil wird, und die erste, die um ihr sterbendes Kind weint. Wahrhaftig, Hagar, die Ägypterin, ist der Prototyp nicht nur besonderer, sondern aller Mütter in Israel.[79]

Abgesehen von diesen Auszeichnungen nimmt Hagar aber Israels Pilgerfahrt des Glaubens in entgegengesetzter Weise voraus. Als Magd in der Knechtschaft flieht sie vor dem Leiden. Aber sie erlebt einen Exodus ohne Befreiung, Offenbarung ohne Errettung, Wüste ohne Erfüllung und unverdientes Exil ohne Rückkehr.[80] Diese ägyptische Sklavin wird von Gott geschlagen und geplagt, gedemütigt um der Missetaten Israels willen und verwundet für die Sünden Saras und Abrahams; die Strafe liegt auf ihr, auf daß die anderen »ganz werden«.

Hagar ist Israel, vom Exodus bis zum Exil, aber doch ganz anders. Diese Unterschiede erfüllen uns mit Schrecken. Wir alle, die wir im Fleisch und im Geist Erben Saras und Abrahams sind, müssen uns für die Schrecken in Hagars Geschichte verantworten. Sich der theologischen Herausforderung durch sie nicht zu stellen, hieße, den Glauben zu verfälschen.[81]

Anmerkungen

1. Ein richtiges Verständnis dieses Satzes hängt vom Kontext ab. Der Ausdruck »innerhalb der Grenzen patriarchaler Strukturen« begrenzt Saras Macht und Privilegien entschieden. Außerdem wird ihre Beschreibung durch den Gegensatz zu Hagar bestimmt und durch die Tatsache abgeschwächt, daß Sarai unfruchtbar ist. Siehe Anm. 17 unten.
2. Die hier zitierten Kapitel und Verse sind dem 1. Buch Mose entnommen, sofern sie nicht besonders gekennzeichnet sind.
3. Ich folge dem biblischen Text, wenn ich die Namen Sarai und Sara, bzw. Abram und Abraham schreibe. Zu diesen Varianten siehe die Kommentare: z. B. *Bruce Vawter*, On Genesis: A New Reading, Garden City, N.Y. 1977, S. 220, 223; *E.A. Speiser*, Genesis, Anchor Bible; Garden City, N.Y. 1964, S. 127; *Gerhard von Rad*, Genesis, OTL, Philadelphia 1972, S. 199-200, 202. Zum Stigma der Unfruchtbarkeit, siehe *Phyllis Bird*, Images of Women in the Old Testament, in: Religion and Sexism, hg. von *Rosemary Radford Ruether*, New York 1974, S. 62-63.
4. Siehe Gen 13,16; 15,4,5.
5. In diesem ganzen Kapitel bedeutet das Wort »saga« (Sage) eine Geschichte.
6. Die wissenschaftlichen Disziplinen bieten verschiedene Lesarten dieser Geschichten an. a) Die historische Kritik setzt bei der Quellenanalyse an. Gen 16,1-16 ist J, mit Ausnahme einiger Verse von P (16,1,3,15,16), während Gen 21,9-21 E ist. Siehe z. B. *S.R. Driver*, The Book of Genesis, New York 1904, S. 180-84, 209-13; *Sean E. McEvenue*, A Comparison of Narrative Styles in the Stories, in: Semeia 3, Missoula, Mont. 1975, S. 64-80. Zu einer Überarbeitung einer solchen Analyse, siehe *John Van Seters*, Abraham in History and Tradition, New Haven, Conn. 1975, S. 192-202; vgl. auch *Alan W. Jenks*, The Elohist and North Israelite Traditions, SBL Monograph Series 22, Missoula, Mont. 1977, S. 22, 67. b) Die Formkritik bezieht sich auf das Genre, mündliche Tradition, Lebensbezüge und literarische Parallelen. Siehe z. B. *Hermann Gunkel*, The Legends of Genesis, New York 1964, passim; *ders.* Genesis, Handkommentar zum Alten Testament, Göttingen Neuaufl. 1964, S. 184-93, 226-33; *Robert C. Culley*, Studies in the Structure of Hebrew Narrative, Philadelphia 1976, S. 43-46; *Hugh C. White*, The Initiation Legend of Ishmael, in: ZAW 87 (1975), S. 267-305. White kommentiert auch die Überlieferungsgeschichte des Abschnittes. Vgl. *Claus Westermann*, Genesis, 2. Teilband, Biblischer Kommentar, Neukirchen-Vluyn 1981, S. 281-82, 412-14. c) Als eine

Unterabteilung der Formkritik beschäftigt sich die Motivkritik mit der Identifizierung und Klassifizierung von Handlungsmotiven und überlieferten Episoden innerhalb der die Botschaft tragenden Geschichten. Siehe *Dorothy Irvin*, Mythanion, Kevelaer/Neukirchen-Vluyn 1978, S. 1-17, 24-26. d) Literarkritik beschäftigt sich mit Szenentypen und damit, wie sie zwischen festgelegter Konvention und flexibler Verwendung stehen. Siehe *Robert Alter*, The Art of Biblical Narrative, New York 1981, S. 47-62. Literarkritik beschäftigt sich auch mit ganz genauem Lesen unter besonderer Berücksichtigung der Einzelheiten des Textes in seiner endgültigen Form. Vgl. *Zvi Adar*, The Biblical Narrative, Jerusalem 1959, S. 119-25. Mehr als irgendeine andere hat die Methode der zuletzt genannten Studie den vorliegenden Essay geprägt.

7. Eine umfangreiche Bibliographie findet sich in der M. A. These von *Bernadette F. Revicky*, »Hagar, Maidservant of Sarai, From What Place Have You Come and Where Shall You Go?«, A Rhetorical Critical Study of Genesis 16 and Genesis 21, 8-21, M. A. Thesis, Andover Newton Theological School 1980, S. 93-100.
8. Präpositionale Ausdrücke nebeneinandergestellt, machen Gegensatz und Entscheidung deutlich. Obwohl Sarai ihm (amer. to him, hebr. lô) kein Kind gebar, gehörte ihr (amer. to her, hebr. lāh) eine ägyptische Magd. Daß Hagar Ägypterin ist, erinnert an den früheren Aufenthalt Abrams und Sarais in Ägypten (Gen 12,10-20).
9. In Genesis 16 wird Hagar als šiphâ, Jungfrau, abhängige Magd bezeichnet, die der Herrin des Hauses dient, wohingegen sie in Gen 21 'āmâ genannt wird, eine Sklavin, die dem Herrn als zweite Frau dient. Der letztere Begriff beinhaltet mehr Unterdrückung. Siehe *A. Jepsen*, »Ama^{h} und Schiphcha^{h}«, VT 8 (1958), S. 293-97. Um den Unterschied deutlich zu machen, gebe ich šipha als »Magd« (amer. maid), Dienerin (amer. servant) oder Leibeigene (amer. bondswoman) wieder und 'āmâ als Sklavin (amer. slave) wieder. Siehe *Hans Walter Wolff*, Masters and Slaves, Int 27 (1973), S. 266-68; *Westermann*, Genesis, S. 283.
10. Dies sind die ersten Worte Sarais in der ganzen Abraham-Saga. Zu der Bedeutung solchen Redens siehe *Alter*, The Art of Biblical Narrative, S. 63-87. Zu der Übersetzung von hinnēh-nā' = da (amer. because) in Verbindung mit dem Imperativ (16,2a unten), siehe *Thomas O. Lambdin*, Introduction to Biblical Hebrew, New York 1971, S. 170-71.
11. Vgl. Gen 30, 1–13.
12. Zu der Legalität dieses Vorgehens, siehe z. B. *von Rad*, Genesis, S. 191-92; *Speiser*, Genesis, S. 119-21; *Vawter*, On Genesis, S. 214-15;

Matitabu Tsevat, Hagar and the Birth of Ishmael, The Meaning of the Book of Job and Other Biblical Studies, New York 1980, S. 53-76. Aber vgl. auch *John Van Seters,* The Problem of Childlessness in Near Eastern Law and the Patriarchs of Israel, in: JBL 87 (1968), S. 401-8. *Thomas L. Thompson,* The Historicity of the Patriarchal Narratives, Berlin 1974, S. 252-69. Zu diesem Problem im Kontext gegenwärtiger Forschung über die Patriarchen-Geschichten, siehe *William G. Denver* (sic)/ *W. Malcolm Clark,* The Patriarchal Traditions, in: Israelite and Judean History, hg. von *John H. Hayes/J. Maxwell Miller,* Philadelphia 1977, S. 70-148; *M. J. Selman,* Comparative Customs and the Patriarchal Age, in: Essays on the Patriarchal Narratives, hg. von *A. R. Millard/D. J. Wiseman,* Winona Lake, Ind. 1983, S. 91-139.

13. In Hinblick auf verwandte Sprachen und den rechtlichen Hintergrund geben einige Gelehrte 'iššâ hier als Nebenfrau (amer. concubine) wieder, nicht als Ehefrau (amer. wife), z. B. *Speiser,* Genesis, S. 116-17; *Vawter,* Genesis, S. 213-14. Aber vgl. die Revised Standard Version und *Westermann,* Genesis, S. 277. Das spezifische hebräische Wort für Nebenfrau (pilegeš) kommt in Hagars Geschichte nicht vor. Vgl. Ri 19,1.
14. Ebenso wie Sarai benutzt Abram niemals den Namen Hagars, und er spricht auch nicht zu ihr; nur die Erzählung berichtet von dem direkten Kontakt zwischen ihnen (16,4; 21,14).
15. Vgl. *von Rad,* Genesis, S. 190-91; *Vawter,* On Genesis, S. 214-15; *Westermann,* Genesis, S. 286-87-
16. Vgl. Rahel und Lea (Gen 30,1); Hanna und Peninna (1. Sam 1,4-6). Von besonderem Interesse ist auch die Rivalität zwischen hebräischen und ägyptischen Frauen während der Exoduszeit (Ex 1,19). In unserer Geschichte wird der Gegensatz zwischen leibeigenen und freien, fremden und eingeborenen Frauen umgewandelt in eine Gegenüberstellung von fruchtbarer ägyptischer Magd und unfruchtbarer hebräischer Herrin. Zu solcher Rivalität als Handlungsmotiv, siehe *Irvin,* Mytharion, S. 15,17.
17. Vgl. Spr 30,21-23. Man erinnere sich daran, daß Sarai ebenso wie Hagar ein Opfer des Patriarchats ist (siehe Anm. 1). Zu Kämpfen innerhalb unterdrückter Gruppen, siehe *Paulo Freire,* Pedagogy of the Oppressed, New York 1983, S. 48. Vgl. *Rosemary Radford Ruether,* Sexism and God-Talk, Boston 1983, S. 165-83.
18. *Tsevat* versteht Sarais Worte so, daß sie einen Rechtsstatus betreffen, Hagar and the Birth of Ishmael, S. 55; vgl. *Westermann,* Genesis, S. 287.

19. Vgl. *Vawters* schonendes Umgehen mit Abram im Vergleich zu seinem harten Urteil über Sarai, On Genesis, S. 215.
20. Z. B. Ex 1,11; Dtn 26,6; vgl. Gen 15,13. Siehe *David Daube,* The Exodus Pattern in the Bible, London 1963, S. 26-27.
21. Zu Schur siehe *Denis Baly/A. D. Tushingham,* Atlas of the Biblical World, New York 1971, S. 104, und *J. Simons,* The Geographical and Topographical Texts of the Old Testament, Leiden 1959, S. 217; vgl. Gen 20,1; 25,18; 1 Sam 15,7; 27,8.
22. Für Moses' Flucht vor dem Pharao (Ex 2,15b) und Hagars Flucht vor Sarai wird dasselbe Verb benutzt (brḥ). Nachdem er geflohen ist, »setzte [er] sich nieder bei einem Brunnen« (Ex 2,15c Luth). Hagar war »bei einer Wasserquelle in der Wüste« (Gen 16,7 Luth).
23. Siehe *Martin Buber,* On the Bible, New York 1968, S. 39. Zu dem Boten Gottes, siehe *Westermann,* Genesis, S. 289-91. Ob Hagar den göttlichen Boten sofort erkennt oder nicht, ist ungewiß; siehe *Tsevat,* Hagar and the Birth of Ishmael, S. 56-57, 64.
24. Man beachte, daß die direkten Reden aller anderen Gestalten wiederholt mit ihren eigenen Namen eingeleitet werden, auch wenn solche Identifizierungen unnötig sind (16,2,5,6,9,10,11). Zu anderen Beispielen einer Korrelation von Nennung des Namens und Reden und zu dem Phänomen des Personseins, siehe die Kommentare über Tamar in Kap. 2; siehe auch zu dem Buch Rut: *Phyllis Trible,* God and the Rhetoric of Sexuality, Philadelphia 1978, S. 166-70, 190.
25. *Tsevat* stellt auch Ähnlichkeiten zwischen dieser Geschichte und der Exodusüberlieferung fest, interpretiert sie aber anders; Hagar and the Birth of Ishmael, S. 69.
26. Vertreter der historischen, Form- und Redaktionskritik neigen dazu, diese Verheißungen auseinanderzuhalten unter Hinweis auf frühere Formen des Textes. Ihre Schlußfolgerungen sind oft widersprüchlich. Siehe z. B. *Vawter,* On Genesis, S. 217; *Van Seters,* Abraham in History and Traditions, S. 194-95; *Claus Westermann,* The Promises to the Fathers, Philadelphia 1980, S. 12-13; *ders.* Genesis, S. 292-95; *Robert Wilbur Neff,* The Announcement in Old Testament Birth Stories, Ph. D. Diss., Yale University 1969, S. 97-102; *Tsevat,* Hagar and the Birth of Ishmael, S. 57-60. Mein Interesse richtet sich auf den Zusammenhang in der endgültigen Form des Textes.
27. Z. B. Gen 15,5; 22,17; 26,4; 28,3. Man beachte, daß der Ausdruck »Geschlecht« (zr'; amer. descendants) sich nicht auf den Samen Abrams bezieht, auch wenn er der biologische Vater ist, sondern vielmehr auf die Nachkommenschaft Hagars; vgl. Gen 3,15, wo zr' wiederum den »Samen« (amer. seed) der Frau bezeichnet, nicht den des Mannes.

28. Dagegen *Van Seters*, der 16,10 für unvereinbar mit 16,11 hält, Abraham in History and Tradition, S. 194.
29. Eine formkritische Analyse findet man bei *Neff*, The Announcement in Old Testament Birth Stories, S. 55-69; 104-8; auch bei *Robert Wilbur Neff*, The Annunciation in the Birth Narrative of Ishmael, in BR 17 (1972), S. 51-60.
30. Von den sechs Ankündigungen einer Geburt, die von Neff untersucht wurden (Gen 16,11-12; Gen 17,19; Ri 13,5,7; 2 Kön 13,2; 2 Chr 22,9-10; Jes 7,14-17), richten sich nur zwei direkt an Frauen (Hagar und die Frau des Manoach, Gen 16,11-12 und Ri 13,5,7). Vgl. auch die Sunamiterin in 2 Kön 4,16; man beachte, daß der Prophet Elischa, nicht ein Götterbote, mit ihr spricht. Im Neuen Testament richtet sich eine Ankündigung der Geburt direkt an Maria (Lk 1,26-38); vgl. die Verkündigung an Zacharias in bezug auf Elisabeth (Lk 1,13-20).
31. Zu der Erklärung des Namens Ismael, siehe *Mitchell Dahood*, The Name yišmāʿēl in Genesis 16,11, in: Biblica 49, (1968), S. 87-88; *ders.* Nomen-Omen in Genesis 16,11, in: Biblica 61 (1980), S. 89; vgl. *Irvin*, Mytharion, S. 15.
32. Das Thema der Errettung aus dem Elend in Ägypten klingt in dem Vers an: »Der Herr erhörte (šmʿ) unser Schreien und sah unser Elend, unsere Angst und Not« (ʿŏnî); vgl. Dtn 26,7 (Luth). Zu diesem und anderen Wortspielen in dieser Geschichte, siehe *Martin Buber*, Darko shel miqra, Jerusalem 1964, S. 295-97.
33. Siehe *Tsevat*, Hagar and the Birth of Ishmael, S. 67.
34. Die Punktierung des hebräischen Textes läßt zwei Bedeutungen für die Erklärung zu: der Gott, der gesehen werden kann, und der Gott, der (mich) sieht. Die griechische Bibel und die Vulgata wählen die zweite Version, die Doppeldeutigkeit des masoretischen Textes sollte aber vielleicht doch beibehalten werden. Siehe *John Skinner*, A Critical and Exegetical Commentary on Genesis, ICC Edinburgh 1930, S. 288; *Speiser*, Genesis, S. 118.
35. Man beachte, daß ihre Erklärung: »Du bist ein Gott des Schauens«, mit seiner Betonung des Positiven auf die Ankündigung der Geburt folgt, nicht nach dem göttlichen Befehl, sich der Bedrückung zu unterwerfen. Vgl. Hagars Not mit der der hebräischen Sklaven, die aus dem Elend herausgeführt wurden, weil Gott es sah (rʾh) (Ex 3,7).
36. Zu auditiven – im Gegensatz zu visuellen – Redewendungen in den Theophonien des Alten Testaments, siehe *Samuel Terrien*, The Elusive Presence, New York 1978, passim.
37. Vgl. *Speiser*, Genesis, S. 117-19.

38. In dem Versuch, Hagars Worte mit der erklärenden Bemerkung zu verbinden, die ihnen folgt, hat *Julius Wellhausen* den Text in verschiedener Weise korrigiert, so daß Hagar nun fragt: »Habe ich wirklich Gott gesehen und bin am Leben geblieben?«, Prolegomena to the History of Ancient Israel, New York 1958, S. 326. Vgl. *Skinner,* Genesis, S. 288-89; *Tsevat,* Hagar and the Birth of Ishmael, S. 63,66; *Westermann,* Genesis, S. 296-97. Eine solche Frage hat zwar eine theologische Basis in der Feststellung, daß keiner Gott sehen und leben kann (vgl. Ex 33,20; Ri 6,23; 13,20-23), und bietet auch eine weitere Vorwegnahme eines Exodusmotivs an, aber diese Lesart bleibt doch eine Korrektur. Vgl. *H. Seebaß,* zum Text von Genesis XVI 13 B, VT (1971), S. 254-56; *Irvin,* Mytharion, S. 16 und die Textstellen, die dort zitiert werden; *Neff,* The Announcement in Old Testament Birth Stories, S. 93-94; *Th. Booij,* Hagar's Words in Genesis XVI 13 B, VT 30 (1980), S. 1-7; *A. Schoors,* Tiqqun Sopherim in Genesis XVI 13 B? VT 32 (1982), S. 494-95.
39. Man beachte den Gebrauch von abgewandelten Wiederholungen. Sie heben Einzelheiten hervor, und außerdem umrahmen sie die Einheit.
40. Man beachte das Possessivpronomen »sein Sohn«, so wie auch die wiederholte Versicherung, daß das Kind dem Abram geboren wurde; vgl. Gen 25,9,12.
41. Vgl. *Robert Alter,* How Convention Helps Us Read: The Case of the Bible's Annunciation Type-Scene, Prooftexts 3 (1983), S. 115-30, bes. 120-21. Angesichts des von ihm vorgeschlagenen Schemas für den Szenentyp der Verkündigung ist Alter nicht imstande, die Ankündigung der Geburt in der Hagar-Geschichte zu berücksichtigen.
42. Siehe *Robert Wilbur Neff,* The Birth and Election of Isaac in the Priestly Tradition, BR 15 (1970), S. 5-18.
43. Vgl. *Isaac Rabinowitz,* Sara's Wish (Gen XXI 6-7), VT 29 (1979), S. 362-63.
44. Die griechische Bibel sagt, daß er »mit Isaak spielte«, (vgl. Zür). Diese Lesart hat zu verschiedenen Interpretationen geführt: z. B. daß Ismael dem Isaak physisch übel mitspielte oder daß die implizierte soziale Gleichstellung zwischen den beiden Kindern für Sara unannehmbar war. Wenn man die Wörter »mit Isaak« ausläßt, hat das noch andere Interpretationen zur Folge: z. B. daß Ismael masturbierte; oder daß sein fröhliches Benehmen Saras mütterliche Eifersucht weckte (Jubiläenbuch 17,4). Siehe die Kommentare, z. B. *Driver,* The Book of Genesis, S. 155; *Vawter,* On Genesis, S. 248-49; *Von Rad,* Genesis, S. 232, *Westermann,* Genesis, S. 414-15. Man beachte, daß das Verb spielen (ṣḥq) ein Wortspiel mit dem Namen Isaak ist (yiṣṣāq).

45. Zu den hiermit verbundenen Rechtsfragen, siehe *Nahum M. Sarna*, Understanding Genesis, New York 1966, S. 155-57; *Thompson*, The Historicity of the Patriarchal Narratives, S. 257-58.
46. Der Name Ismael kommt in der 2. Szene überhaupt nicht vor.
47. Ein weiteres Zeichen für die zunehmende Distanz zwischen Sara und Hagar, im Gegensatz zu der ersten Episode der ersten Szene (16,3), ist das Fehlen jeglichen direkten Kontaktes zwischen ihnen.
48. Siehe Anm. 9; auch *Westermann*, Genesis, S. 415.
49. Vgl. die oben genannten Kommentare zu 16,4.
50. Ex 12,39; vgl. 6,1; 10,11; 11,1. Siehe *Daube*, The Exodus Pattern in the Bible, S. 30-34.
51. Man beachte das Idiom »in den Augen«, das wiederholt vom Erzähler für Sarai, Abram und Gott gebraucht wird (16,4,5,6; 21,11).
52. Man beachte, daß Gott in 21,12-13 auch Saras »Stimme hört« und sich ihrem Vokabular (21,10) anschließt, indem er den Namen Isaaks (V. 12) nennt, nicht aber die Namen Hagars und Ismaels, und indem er von der *Sklavin* (V. 12,13) und deren *Sohn* spricht (v. 13). Von Rad bezeichnet die Verse 12-13 als den »spannungsgeladenen Höhepunkt in der Struktur der Erzählung«, weil der Leser erwartet, daß Gott sich auf die Seite Abrahams, nicht Saras, stellt; Genesis, S. 233.
53. Man beachte die Ähnlichkeiten in Form und Inhalt sowie auch die Unterschiede in der Aussage zwischen den einleitenden Abschnitten dieser Episode (21,9-12) und dem entsprechenden Material in den Versen 16,1-2: a) Die Einleitungen des Erzählers schildern die Spannung zwischen den beiden Frauen (16,1; 21,9). b) In direkter Rede befiehlt Sarai (Sara) dem Abram (Abraham), Hagar gegenüber zu handeln. Mit dem ersten Imperativ (16,2a) wünscht Sarai, durch Hagar einen Sohn zu bekommen; mit dem zweiten (21,10) will sie bewirken, daß dieser Sohn, zusammen mit Hagar, fortgeschickt wird. c) Der Erzähler berichtet von verschiedenen Reaktionen Abrams, die zu verschiedenen Ergebnissen führen. Das erste Mal gehorcht er Sarai (16,2b), und die Episode geht weiter, ohne daß Gott sich einmischt. Das zweite Mal (21,11) scheut Abraham zurück, und Gott tritt dazwischen, um sicherzustellen, daß Saras Wille geschieht (21,12).
54. Siehe den Gebrauch des Verbs *vertreiben* (grš) in Ex 6,1; 10,11; 12,39.
55. Zu der Redewendung »stand früh am Morgen auf« als eine Formel zur Einleitung einer neuen Handlung, siehe *Irvin*, Mytharion, S. 25.
56. Zu den syntaktischen Problemen des hebräischen Textes, siehe *Speiser*, Genesis, S. 155; *Vawter*, On Genesis, S. 249.
57. Zu dem Gebrauch des Wortes *fortschicken* (šlḥ) in der Exodusge-

schichte, siehe *Daube*, The Exodus Pattern in the Bible, S. 29. Er nimmt an, daß die Verbannung Hagars durch Abraham eine Scheidung darstellt.

58. Diese geographischen und pronominalen Veränderungen weisen darauf hin, daß mit 21,14e ein neuer Abschnitt der Geschichte beginnt; dagegen viele Übersetzungen (z. B. RSV, NEB, NAB und NJV; vgl. Luth, Zür).
59. Zu der Zusammengehörigkeit von *fortschicken* (šlḥ) und *hinziehen* (hlk), siehe *Daube*, The Exodus Pattern in the Bible, S. 34; vgl. S. 58-59.
60. Siehe z. B. Gen 37,15; Ps. 107,4; 119,176; Jes. 53,6; Ijob 38,41.
61. Zu der »Wüste bei Beerscheba«, siehe die Eintragung »Wüste« in *Simons*, The Geographical and Topographical Texts of the Old Testament, S. 21-23.
62. In Übereinstimmung mit NIV übersetzte ich das Verb šlk mit *zurücklassen*, um es von dem Verb grš in 21,10 zu unterscheiden; dagegen RSV, Luth, Zür, Buber.
63. Der Hinweis auf den »Bogenschuß« nimmt die Bezeichnung Ismaels als »guten Bogenschützen« voraus (21,20).
64. Gegen *Gunkel* (Genesis, S. 230-31); der Strauch ist kein heiliger Ort. Gott spricht zu Hagar ausdrücklich »vom Himmel« (21,17).
65. In beiden Szenen spricht Hagar in der Wüste, nicht aber in dem Hause Abrahams und Saras.
66. Zum Bei-sich-Denken, siehe *Alter*, The Art of Biblical Narrative, S. 69-70.
67. Diese Änderung kommt zuerst in der griechischen Bibel vor; vgl. RSV, NAB, Zür. Zu Versuchen, diese Änderung zu rechtfertigen, siehe z. B. *Skinner*, Genesis, S. 248-49. Aber vgl. *Speiser*, Genesis, S. 155-56.
68. Siehe *George W. Coats*, Rebellion in the Wilderness, Nashville 1968.
69. Vgl. das Spiel mit dem Namen Ismael. Eine formkritische Untersuchung der göttlichen Rede findet man bei *Westermann*, Genesis, S. 419.
70. Siehe *Westermann*, Genesis, S. 420.
71. Gewisse Themen und Redewendungen legen Assoziationen zwischen diesem Text und Gen 22,1-19 nahe. In beiden Geschichten sind die zwei Söhne Abrahams vom Tode bedroht, im kritischen Moment aber greift Gott ein, um die Kinder zu retten. Gott öffnet Hagar die *Augen*, sie sieht (r'h) einen Wasserquell und gibt dem Knaben zu trinken (21,19). Abraham erhebt seine *Augen*, sieht (r'h) einen Widder, den der Herr bereitgestellt hat und opfert ihn anstelle seines Sohnes (22,13-14). Man beachte auch den wiederholten Gebrauch von Redewendungen und Wörtern, wie »Abraham stand früh am Morgen auf« (21,14; 22,3); »der

Engel des Herrn rief vom Himmel« (21,17; 22,11); »fürchten« (yr') (21,17; 22,12); »der Knabe« (21,17,18,20; 22,5,12); »Hand« (21,18; 22,10,12). Vgl. *Alter*, The Art of Biblical Narrative, S. 181-82. Ähnliche geographische Umgebungen können auch solche Geschichten erzählen; siehe *Baly/Tushingham*, Atlas of the Biblical World, S. 104. Eine Meditation findet man bei *Arthur I. Waskow*, The Cloudy Mirror: Ishmael and Isaac, Godwrestling, New York 1978, S. 23-33.

72. Hagar wird zwar im Geschlechtsregister Gen 25,12 erwähnt, kommt aber nicht als eigene Persönlichkeit vor.
73. Zu Paran, siehe *Baly/Tushingham*, Atlas of the Biblical World, S. 93, 104; *Simons*, The Geographical and Topographical Texts of the Old Testament, S. 22.
74. Vgl. die alte nahöstliche Sitte, daß der Vater eine Frau für seinen Sohn nimmt, *Speiser*, Genesis, S. 156. Man beachte die fortwährende Hervorhebung des ägyptischen Themas in der genealogischen Einleitung von Gen 25,12, sowie auch in dem geographischen Hinweis, daß Schur gegenüber von Ägypten liege (25,18; vgl. 16,7).
75. Neuere Untersuchungen zu den Wechselbeziehungen von Rassismus, Klassenunterschieden und Sexismus sind hierzu sachdienlich; vgl. z. B. *Rosemary Radford Ruether*, New Woman/New Earth, New York 1975, 115-33. *Adrienne Rich*, On Lies, Secrets, and Silence: Selected Prose 1966-1978, New York 1979, S. 275-310.
76. Die folgende Liste gibt Geschichten moderner Frauen wieder, die sich mit Hagar identifizieren. Vgl. *Margaret Laurence*, The Stone Angel, Toronto 1968.
77. Während rassische Verbindungen zwischen den alten Ägyptern und den Schwarzen problematisch sind, sind die kulturellen Ähnlichkeiten sicher. Hagar war eine Afrikanerin. Zu diesem Problem im allgemeinen, siehe *Robert A. Bennett, Jr.*, Africa and the Biblical Period, HTR 64 (1971), S. 483-500.
78. Mit »historischen Erinnerungen«will ich sagen, daß ich Gen 1-11 ausschließe.
79. Siehe *Zvi Adar*, The Biblical Narrative, S. 124.
80. Man beachte angesichts dieses Gegensatzes die Ironie in Paulus' Gleichsetzung von Hagar und dem Sinai-Bund (Gal 4,21-31). Vgl. *Walter Brueggemann*, Genesis, Interpretation, Atlanta 1982, S. 184.
81. Der Platz, den Hagar im Islam einnimmt, verdient auch Erwähnung. Sie kommt nicht vor im Koran, aber in den Hadiths; siehe *Arendt Jan Wensinck*, A Handbook of Early Muhammedan Tradition, Leiden 1960, S. 90.

2. Tamar

Im Königshaus wird die Weisheit geschändet

Eine Frau voller Schmerzen und Gram.

2. Samuel 13,1-22
In dem Buch Samuel steht die Geschichte von einer Königsfamilie, in der eine Vergewaltigung vorkommt. Der Bruder schändet die eigene Schwester. Er ist ein Prinz, der Macht und Prestige hat, aber auch ein ungezügeltes Verlangen. Sie ist eine Prinzessin voller Weisheit und Mut, die aber unendlich leiden muß. Sie sind Kinder desselben Vaters, lieben einander aber nicht in der gleichen Weise. Ja, der Bruder macht sich eigentlich überhaupt nichts aus seiner Schwester.
Diese Geschichte des Schreckens ist zwar Teil einer Erzählung über König David und seinen Hof, steht aber doch für sich.[1] Nach einem wohlgeordneten Entwurf bewegt sich die Handlung von Plänen und Hindernissen auf das Verbrechen und sein Nachspiel zu. Drei Episoden (A,B,C) führen zu der Vergewaltigung (D), und drei folgen darauf (B′,C′,A′). Unsere Aufgabe ist es, die Kunstform und den Gehalt dieses kleinen literarischen Werkes zu erforschen, um uns zugleich mit seiner einzigen weiblichen Gestalt zu beschäftigen.[2]

Vor dem Verbrechen, 13, 1-9c[3]

Episode 1 stellt die Figuren und ihre Lebensumstände vor dem Verbrechen dar, Episode 2 berichtet von einem Plan, den ein Ratgeber für den Prinzen entworfen hat; und Episode 3 fügt die Autorität des Königs hinzu. Die ersten zwei Einheiten sind strukturell in sich geschlossen, während die dritte auf einer Kette von Befehlen und deren Ausführung aufgebaut ist.

A. *Einleitung: Die Personen und ihre Lebensumstände, 13, 1-3.* Die Geschichte beginnt mit einem überleitenden Satz: »Und so begab es sich danach« (Luth). Davor wird von der Niedertracht Davids erzählt, mit der er sich Batseba verschafft hat, von der versöhnenden Geburt seines Sohnes Salomo und von einem entscheidenden Sieg über die Ammoniter. Der König hat in allen privaten und öffentlichen Dingen Erfolg gehabt. Aber nun verläßt der Erzähler diese großen Taten. David ist zwar als einziger von den vorhergehenden Szenen jetzt noch dabei, aber in einer untergeordneten Rolle. Er gehört zu den Nebenfiguren.

Nach diesem überleitendem Satz werden die Figuren in einer Ringkomposition eingeführt, die eine Beschreibung der näheren Umstände einschließt (13,1-3).[4] Innerhalb dieser Struktur spiegeln kreisförmige Muster das Ganze wider. Am Anfang stehen die drei Kinder Davids.[5] Zuerst wird Abschalom genannt, der dritte Sohn, dessen Gegenwart über der ganzen Geschichte schwebt, obwohl er selbst erst kurz vor dem Ende auftritt. Der letzte ist Amnon, der Erstgeborene, dessen Begehren die Handlung in Gang bringt. Zwischen diesen beiden Männern steht die Frau, die mit jedem von ihnen in einer Beziehung steht, aber auch ihre eigene Identität hat. Diese schöne Frau ist Tamar, Schwester Abschaloms und Objekt der Begierde Amnons. Die kreisförmige Anordnung des Verses hat sie zum Mittelpunkt.

Abschalom, der Sohn Davids, hatte
eine schöne Schwester mit dem Namen Tamar,
und es begehrte sie Amnon, der Sohn Davids, (13,1)*

Zwei Männer umgeben eine Frau. Im Verlauf der Geschichte werden sie sie schützen oder schänden, unterstützen oder verführen, trösten oder überwältigen. Die Söhne Davids stehen wegen dieser schönen Frau miteinander in Konkurrenz.

Eine Zeitlang schiebt der Erzähler Abschalom zur Seite, um die letztere Hälfte des Kreises zu entwickeln. »Und es begehrte sie

---

* A.O./PTÜ:
To Absalom, son of David,
A sister beautiful, with the name Tamar,
and desired her Amnon, son of David. *(13,1)*

Amnon, der Sohn Davids«.[6] Diese Information führt in das Zentrum der Episode, einer Beschreibung der Umstände, die Unheil ahnen lassen (13,2). »Und Amnon grämte sich so, daß er fast krank wurde um seiner Schwester Tamar willen« (13,2a Luth). Nachdem sie mit dem Kronprinzen zuerst nur als das Objekt seiner Begierde in Verbindung gebracht wird, wird Tamar nun als »seine Schwester« bezeichnet. Das Wort, das sie mit Abschalom in eine Beziehung setzt, bindet sie auch an Amnon. Der Erzähler hat sich dafür entschieden, die familiären Bande zu betonen, weil eine solche Intimität die heraufziehende Tragödie verschärft.[7]
Diese geschwisterliche Verbindung ist jedoch nicht der Grund für Amnons Frustration und Krankheit. Seine Leidenschaft wird zur Qual, »denn sie war eine Jungfrau, und es war unmöglich in Amnons Augen, ihr irgend etwas zu tun (13,2b). Voller Begehren ist der Prinz, doch impotent; voller Sehkraft, aber es fehlt ihm die Einsicht. Als Jungfrau ist Tamar geschütztes Eigentum, unzugänglich für Männer, einschließlich ihres Bruders. Jedoch die rätselhaften Worte »es war [ihm] unmöglich . . . ihr etwas zu tun« heben nicht nur seine Frustration hervor, sondern lassen die Katastrophe der Enthemmung schon ahnen.[8] Was Amnons Begierde bedeutet, wird näher erläutert, wenn es heißt, daß Liebeskrankheit und heftiges Verlangen die Jungfrau umgeben.

Und Amnon grämte sich, so daß er fast krank wurde,
um seiner Schwester Tamar willen;
denn sie war eine Jungfrau,
und es war unmöglich in Amnons Augen,
ihr irgend etwas zu tun. (13,2)*

In dem ersten Kreis (13,1) stellen die beiden Brüder, die Tamar umgeben, den Gegensatz von helfen und schaden dar, in dem

---

* A.O./PTÜ:
So tormented was Amnon that he made himself ill
on account of Tamar his sister,
for a virgin was she,
and it was impossible in the eyes of Amnon
to do to her anything. *(13,2)*

zweiten bedeutet der eine Bruder ganz und gar nur Gefahr. Es ist so, daß gerade die Verhinderung der Gewalt zum Gegenteil führt. Zwar hält Amnon es für »unmöglich, ihr irgend etwas zu tun«, dann aber scheint es doch möglich zu werden durch einen Plan, den ein anderer für ihn macht. Jonadab ist dieser andere. Zum Schluß der 1. Episode rundet die Einführung Jonadabs die Ringkomposition ab.

Amnon aber hatte einen Freund, der hieß Jonadab,
ein Sohn von Davids Bruder Schamma,
und dieser Jonadab war ein sehr erfahrener Mann. (13,3 Luth)*

Zu Beginn dieser Einheit (13,3) verband ein präpositionaler Ausdruck, gefolgt von einem Substantiv, zwei Menschen: »zu (lĕ) Abschalom . . . eine Schwester«. Dann kam ihre persönliche Identität: »mit dem Namen Tamar«. Nun, am Ende, haben wir eine parallele Struktur: »zu (lĕ) Amnon . . . ein Freund, der hieß Jonadab«. Anschließend folgt die Identifikation, »ein Sohn von Davids Bruder Schamma«. Jonadab ist ein Vetter in der königlichen Familie. Wie die Söhne des Königs wird auch er ausdrücklich auf David bezogen und erwirbt dadurch einen Status, der Tamar, der Tochter, niemals zugestanden wird. Außerdem zeigt eine Nebeneinanderstellung der Adjektive Jonadabs Vorteil gegenüber Tamar. Sie ist »schön« (yph), Jonadab dagegen ist »sehr erfahren« (ḥkm).[9] Sein Eintreten in die Geschichte gibt Amnon den Freund, den er braucht, um das Unmögliche möglich zu machen. Dieses Paar steht im Gegensatz zu Tamar und Abschalom. Gleichzeitig kommt aber diese Parallele ins Wanken, da Tamar allein das Objekt und potentielle Opfer der Begierde ist. Am Anfang ist sie von zwei Brüdern umgeben, in der Mitte wird sie durch Krankheit und geplante Gewalttat in die Falle gelockt, und am Ende ist der gerissene Jonadab ihr überlegen. Die erste Episode kündigt bereits die Katastrophe für Tamar an.

---

* A.O./PTÜ:
To Amnon a friend with the name Jonadab,
son of Shimeah, brother of David.
Jonadab was a very crafty man. *(13,3)*

B. *Jonadab und Amnon, 13,4-5.* Vom Erzählen geht die Geschichte nun in ein Gespräch zwischen Jonadab und Amnon über. Anfangend mit Fragen und mit Anweisungen schließend, wickelt der geschickte Freund den lüsternen Prinzen durch Besorgnis und Ratschläge ein. Zuerst fordert er eine Erklärung von Amnons Zustand heraus:[10]

Warum wirst du so mager
von Tag zu Tag, du Königssohn?
Willst du mir's nicht sagen? (13,4 Luth)*

Die Anrede »Königssohn«, die sich sowohl auf seinen königlichen als auch familiären Status bezieht, erhöht die Ungereimtheit. Ganz sicher brauchte der zukünftige Thronfolger nicht schwach, dünn und abgezehrt auszusehen.[11]
Jonadabs Annäherungsversuch hat Erfolg, denn Amnon antwortet geradeheraus: »Tamar, die Schwester Abschaloms, meines Bruders, begehre ich« (13,4). Syntax und Vokabular ergeben einen wohlkonstruierten Satz von sechs hebräischen Wörtern. Tamar, das Objekt zu dem Verb, kommt zuerst, denn auf sie richtet sich seine Besessenheit. Die übrigen Wörter fallen durch ihre Alliteration auf. Jedes beginnt mit dem Buchstaben aleph, und somit geben sie vielleicht den Eindruck von Seufzern wieder, von denen die Rede unterbrochen wird. Erst am Ende verrät Amnon seine Sehnsucht. »Ich (ānî)«, sagt er mit Nachdruck, »begehre« ('hb). Somit entsprechen der Anfang und das Ende dieses Satzes dem Bericht: »die hieß Tamar, und Amnon, der Sohn Davids, begehrte sie« ('hb) (13,1). Der Erzähler und seine Figur scheinen dieselbe Geschichte zu erzählen. Aber die Wörter in der Mitte dieses Bekenntnisses verändern den Zusammenhang: »Schwester Abschaloms, meines Bruders«. Zum ersten Mal dringen Begriffe ein, die auf den Bruder und auf Differenzen zwischen den Königssöhnen hinweisen. Die Bezeichnung »Schwester Abschaloms« unterstreicht diese Spannung, während sie von dem Verwandtschaftsverhältnis zwischen Tamar und Amnon

---

* A.O./PTÜ:
Why are you so haggard, son of the king,
morning after morning?
Will you not tell me? *(13,4 RSV*)*

ablenkt (vgl. 13,2). Der ganze Satz läßt auf ein anderes Hindernis als das vom Erzähler angegebene schließen. Nach Amnons Worten steht Abschalom, nicht Jungfräulichkeit zwischen seinem Verlangen und dessen Objekt. Falls dieser Mann beseitigt werden kann, wird die Frau erreichbar. »Tamar, die Schwester Abschaloms, meines Bruders, begehre *ich*«, sagt Amnon zu Jonadab. In dieser Unterhaltung kommen alle vier Gestalten vor, die der Erzähler nebeneinandergestellt hat (vgl. 13,1,3). Wieder einmal sind diese Paare ungleich. Abschalom und Tamar sind die Objekte des Gesprächs. Jonadab und Amnon schmieden ein Komplott gegen sie.
»Jonadab sprach zu ihm [Amnon]: ›Lege dich auf dein Bett und stelle dich krank‹« (13,5 Luth). Im Hebräischen haben das erste Verb und Objekt die gleiche Wurzel (škb) und führen damit einen Schlüsselbegriff ein: »Lege dich auf deinen Liegeplatz«. Der zweite Imperativ »stelle dich krank« macht sich Amnons Zustand zunutze. Er hat sich wirklich fast krank (ḥlh) gemacht um Tamars willen (13,2), und so empfiehlt Jonadab ihm jetzt, Krankheit (ḥlh) vorzutäuschen, um einen Besuch seines Vater herauszufordern.[12] Außerdem schlägt er Amnon vor, was er sagen soll.

Wenn dein Vater kommt, dich zu besuchen,
so sprich zu ihm:
»Laß doch meine Schwester Tamar kommen,
laß sie mir zu essen geben,
laß sie vor meinen Augen das Essen machen,
daß ich sehe
und esse (brḥ) von ihrer Hand«. (13,5b)*

Der Plan wird bis in alle Einzelheiten vorbereitet. Amnon soll das

---

* A.O./PTÜ:
When your father comes to see you,
then you say to him,
»Let come Tamar my sister
and let her feed me food
and let her do before my eyes the food
so that I may see
and eat from her hand«. *(13,5b)*

Kommen (bô') seines Vaters dazu benutzen, das Kommen (bô') *seiner* Schwester, nicht Abschaloms Schwester zu erbitten. Diesmal wird durch das Geltendmachen der Verwandtschaft mit Tamar Verdacht verhindert (vgl. 13,4). Außerdem soll ihr Besuch längere Zeit in Anspruch nehmen. Nicht nur soll sie wie eine Krankenschwester Amnon zu essen geben, sondern sie soll auch wie eine Magd das Essen vor seinen Augen zubereiten und somit seine Begierde, sie anzuschauen, sättigen. Die Redewendung »vor meinen Augen das Essen machen ('śh)« erinnert an die Unmöglichkeit »in den Augen Amnons, ihr irgend etwas zu tun« ('śh; 13,2). Während das Zu-essen-Geben und die Zubereitung des Essens in umgekehrter Reihenfolge genannt werden, stehen die Ergebnisse daraus in der richtigen: »daß ich sehe und esse von ihrer Hand«.[13] Das Fehlen eines Objekts zu dem Verb *sehen* gibt ihm eine gewitzte Doppeldeutigkeit.[14] David soll dabei denken, daß Amnon sehen möchte, wie das Essen zubereitet wird, der Leser weiß aber, daß er Tamar sehen möchte. Außerdem würde das »Essen von ihrer Hand« sie in seine Reichweite bringen.

Jonadab ist wirklich gerissen.[15] Nachdem er Amnon ein Geständnis entlockt hat, das Bestätigung sucht, plant er, den Prinzen zu befriedigen. Er rät ihm ganz geschickt, die Krankheit für seine Zwecke einzusetzen. Amnon soll den Vater dazu benutzen, das Hindernis des Bruders zu überwinden und sich der Schwester zu versichern. Jonadab gewinnt Amnon durch seine Freundschaft und knüpft ein Netz, in dem sich Tamar, Abschalom und David verfangen sollen. Diese zweite Episode mit ihrer eigenen Ringkonstruktion vermittelt uns ganz deutlich denselben Eindruck wie die erste: Tamar wird in die Falle gelockt.

C. *David und seine Kinder, 13,6-9c.* Von Situationsbeschreibung (1. Episode) und Ratschlag (2. Episode) geht die Geschichte nun zur Handlung über. In der 3. Episode werden die kreisförmigen Muster von einem linearen Verlauf abgelöst, der allerdings in Amnons Haus beginnt und endet. Die Verben *kommen* (bô; 13,6), *schicken* (šlḥ; 13,7) und *gehen* (hlk; 13,7,8) heben die Veränderungen von Ort und Handlung hervor. Anders als in den vorhergehenden Episoden werden hier Bericht und direkte Rede vermischt. Der Erzähler und

seine Figuren tun sich zusammen, um mit der Geschichte fortzufahren.
Der Plan Jonadabs dreht sich um David. »Amnon legte sich hin (škb) und stellte sich krank, und der König kam, ihn zu sehen« (13,6a). Der Erzähler greift das Vokabular Jonadabs nicht wieder auf, sondern bezeichnet David als König, nicht als Vater. Er legt damit den Akzent auf eine Autorität ohne Macht. Der König beugt sich dem Prinzen. Amnon spricht nun also und benutzt dabei die Worte Jonadabs auf seine eigene Weise.[16]

Laß Tamar, meine Schwester, kommen,
laß sie Brot (lbb) machen vor meinen Augen,
ein paar Kuchen,
daß ich esse (brh) von ihrer Hand. (13,6b)*

Ein besonderes Wort für Brot (lbb) wird hier benutzt. Es deutet im Hebräischen ein Spiel mit dem Wort *Herz* an (»Herzkuchen«; Zür), und dieses Wortspiel paßt zu der Gelegenheit.[17] Tamar wird, wenn sie das gewünschte Brot zubereitet, selbst das Begehren von Amnons Herz sein. Während seine Augen sich an ihr gütlich tun, wird seine Begierde sich ausstrecken, um von ihrer Hand zu essen.
Die Bitte des Sohnes wird zum Befehl des Königs. David schickt (šlh) sofort eine Nachricht zu Tamar ins Haus. Obwohl »der König« Amnon besucht hat, schickt »David« eine Botschaft an Tamar. Vater und Tochter werden nicht durch einen familiären Ausdruck in Beziehung gesetzt - nur durch zwei Befehle, die eine Katastrophe auslösen (13,7). Erstens: »Geh in das Haus Amnons, deines Bruders«. Der Hinweis auf den Bruder scheint Sicherheit zu garantieren. Zweitens: »Mach Essen für ihn«. Der Imperativ *mach'* oder *tu'* ('śh) weist darauf hin, daß es für Amnon nicht länger unmöglich ist, seiner jungfräulichen Schwester etwas zu *tun* ('śh; vgl. 13,2,5). Ohne es zu wissen, hat David Tamars Schicksal besiegelt.[18]

---

* A.O./PTÜ:
Let come Tamar my sister.
Let her make bread before my eyes,
a couple of cakes,
that I may eat from her hand. *(13,6b)*

Die Geschichte schreitet mit zunehmender Geschwindigkeit und unterschiedlichen Nuancen voran von Jonadab zu Amnon, zu David und zu Tamar; von Ratschlag zu Bitte, zu Befehl und zu Gehorsam.[19] Bei Tamar kommt die Figurenparade zum Stillstand, die Handlungskette hält, die direkte Rede hört auf. Der Erzähler erhöht die Spannung, indem er sich nun auf die junge Frau konzentriert. »Tamar ging (hlk) in das Haus Amnons, ihres Bruders« (13,8a). Eine eingeschobene Beobachtung tritt dazwischen, um das ironische Spiel mit dem Verb *liegen* (škb; vgl. 13,5,6) fortzusetzen: »Nun legte er sich hin« (13,8b). Amnons liegende Stellung wird zu einer Haltung der Machtausübung, die für Tamar bedrohlich wird. Deshalb wendet sich die Aufmerksamkeit jetzt wieder ihr zu. Sechs Verben, in Gruppen zu je dreien, beschreiben ihr Tun im Detail. Sie konzentrieren sich auf Amnons Augen.

Sie nahm den Teig
und knetete ihn
und machte Brot (lbb)
vor seinen Augen;
und sie backte das Brot (lbbt)[20]
und sie nahm die Pfanne
und schüttete sie aus
vor ihm. (13,8c-9b)*

Indem sie David gehorcht, ist Tamar zum Objekt des Anschauens geworden. Amnon, der Erzähler und der Leser sehen sie, Voyeurismus gewinnt die Oberhand.[21] Aber Amnon will mehr als nur unerlaubtes Anschauen; er begehrt verbotenes Fleisch. Abrupt

---

* A.O./PTÜ:
She took the dough
and she kneaded it
and she made bread
before his eyes;
and she baked the bread
and she took the pan
and she served
before him. *(13,8c-9b)*

»weigert er sich zu essen« (13,9c). Alles, wonach seine Begierde verlangt, muß er haben, und Verweigerung ist nun sein Weg zur Erfüllung. Der Prinz hat den König betrogen, und die Prinzessin muß die Konsequenzen tragen. Somit nähert sich die Geschichte ihrem Höhepunkt.

Das Verbrechen: Amnon und Tamar. 13,9d-18

In diesem zentralen Teil[22] stehen Form und Inhalt in einem fehlerhaften Chiasmus, der den irreparablen Schaden für die Personen zum Ausdruck bringt. Amnons Befehle und die verschiedenen darauf folgenden Reaktionen markieren den Anfang und das Ende.[23] In diesem Teil der Geschichte sind Amnon und Tamar die einzigen Mitwirkenden. In der ersten Hälfte stehen sein Befehl und ihre Reaktion, gefolgt von einem Gespräch zwischen den beiden. In dem entsprechenden Abschnitt der zweiten Hälfte bricht das Gespräch zusammen durch seinen Befehl und ihre Reaktion.[24] Die Vergewaltigung stellt das Zentrum des Chiasmus dar.[25] Diese Anordnung bestätigt die Aussage der vorhergehenden kreisförmigen Muster.[26] Tamar ist in die Falle gegangen, sie wird vergewaltigt.
a) Amnons Befehl an die Diener und ihre Reaktion (13,9de)
b) Amnons Befehl an Tamar und ihre Reaktion (13,10-11a)
c) Gespräch zwischen Amnon und Tamar (13,11b-14a)
d) Vergewaltigung (13,14b-15b)
c'-b') Gespräch zwischen Amnon und Tamar: Amnons Befehl an Tamar und ihre Reaktion (13,15c-16)
a') Amnons Befehl an einen Diener und seine Reaktion (13,17-18)

a) »Es gehe (yṣ') jedermann von mir hinaus« sagt Amnon (13,9d). Seinem Befehl wird mit der gleichen Wortwahl Folge geleistet. »Und sie gingen hinaus (yṣ'), jedermann, von ihm« (13,9e).* Obwohl alle Zeugen offensichtlich hinausgehen, bleibt der

* A.O./PTÜ:
»Got out, every man, from me. And they went out, every man, from him« *(13,9 de)*

Erzähler da, sieht, wie das Böse sich entfaltet und berichtet dem Leser, was daraus folgt.[27] Amnons Macht, alle zu verscheuchen, hat seine Grenzen.

b) Als er mit Tamar allein ist, redet der Prinz sie zum ersten Male an, nennt aber ihren Namen nicht. »Bring das Essen (bryh) in das Schlafzimmer, daß ich von deiner Hand esse« (13,10a).*[28] Was seine Augen schon in Besitz genommen haben, sucht seine Hand nun festzuhalten. Indem er Tamar in das Schlafzimmer des Hauses (13,8) kommen läßt, verstärkt er die geplante Intimität. Die Prinzessin, die vorher dem König gehorchte, ist auch die Schwester, die auf Amnons Anweisungen hört. Sie betreut den kranken und betrügerischen Bruder. Sie spricht kein Wort. Drei Verben beschreiben ihr Tun: nehmen, bringen, geben. Das erste Verb steht in einer Parallele zu dem, was sie vorher getan hatte. »Tamar nahm (lqḥ) das Brot«, so wie sie den Teig und dann die Pfanne genommen (lqḥ) hatte (13,8). Es wird eingeschoben, daß dieses Brot die gewünschte Speise (lbbt) ist, »die sie gemacht hatte« ('śh; 13,10b). Da sie das Brot vor den Augen Amnons gemacht ('śh) hat, wird es auch für ihn möglich, ihr etwas zu »tun« ('śh; vgl. 13,2). »Tamar nahm das Brot, das sie gemacht hatte«. Während das Verb *nehmen* auf ihre früheren Handlungen anspielt, ist das Wort *bringen* eine Reaktion auf einen Befehl, den sie nun von Amnon bekommt. »Sie brachte [das Brot] Amnon, ihrem Bruder, ins Schlafzimmer« (13,10c).[29] Die dritte Handlung, in der privaten Sphäre des Schlafzimmers, führt sie direkt zu Amnon. »Sie gab ihm zu essen« (13,11a). Die Zeit für die Gewalttat ist gekommen.

c) »Er ergriff (ḥzq) sie« (13,11b).**[30] Eine schnelle und kraftvolle Handlung geht der rüden Einladung zur Vergewaltigung voraus:

---

* A.O./PTÜ:
»Bring the food to the bedroom that I may eat from your hand« *(13,10a)*

** A.O./PTÜ:
»Tamar took the bread she had made and brought it to Amnon her brother to his bedroom. She gave him to eat . . .
He grabbed hold of her« *(13, 10b-11b)*

»Komm, meine Schwester, lege dich zu mir« (škb; 13,11c Luth).*[31] Durch eine Serie von Befehlen, denen immer gehorcht wurde, hat Amnon sich die Gelegenheit verschafft, seine Begierde zu stillen. Dieses Mal trifft der königliche Befehl aber auf Widerstand. In der Gegenwart eines Vergewaltigers gerät Tamar nicht in Panik. Sie beansprucht, gehört zu werden. Im Unterschied zu Amnons brüsken Befehlen verlangsamen ihre besonnenen Worte den Handlungsverlauf, können ihn aber nicht aufhalten.[32] Wenn Amnon die direkte Anrede benutzte, um sie zu verführen, so tut sie das gleiche, um ihn zur Vernunft zu bringen:[33]

Nicht doch ('al), mein Bruder. (13,12a)**

Sie benutzt nur negative Ausdrücke:

Schände ('al) mich nicht ('nh)
denn (kî) so tut man nicht (lō) in Israel. (13,12bc Luth)

Sie beruft sich auf die Sitten ihres Volkes, nicht auf das göttliche Gesetz oder ihre Gefühle. Durch die Wiederholung des Schlüsselbegriffs *tun* und durch die letzte Verneinung wird der springende Punkt hervorgehoben:

Tu nicht ('al, 'śh) eine solche Schandtat[34] (13,12d Luth).

Nach diesen Verboten geht Tamar auf die Torheit von Amnons Verlangen ein. Sorgfältig wägt sie die Konsequenzen ab in einer rhetorischen Frage nach ihrem eigenen künftigen Schicksal und einer Beschreibung dessen, was aus ihrem Bruder werden wird:

Wo sollte ich ('ănî) mit meiner Schande hin?

---

* A.O./PTÜ:
»Come, lie with me, my sister« *(13, 11c RSV)*

** A.O./PTÜ:
»No, my brother.
Do not violate me,
for it is not done thus in Israel.
Do not do this foolish thing.
I, where would I carry my shame?

Und du ('attāh) würdest wie einer von den Toren in Israel sein (13,13ab).*

Wird Amnon nicht zurückgehalten, so wird seine Begierde beide in die Katastrophe führen. Darum sucht Tamar nach einer Alternative. Die Lösung liegt bei David, der höchsten menschlichen Autorität im Königreich. Indem sie ihn als Monarchen bezeichnet, stellt Tamar eine Distanz zwischen Vater und Tochter her.

Rede aber mit dem König,
denn (kî) er wird mich dir nicht versagen. (13,13c Luth)

Ihre Worte sind aufrichtig und ergreifend, sie erkennen die weibliche Dienstbarkeit an. Tamar weiß, daß Amnon sie haben kann, bittet ihn aber darum, den rechtmäßigen Weg einzuschlagen.[35] Jonadab hat Amnon auch geraten, Davids Hilfe in Anspruch zu nehmen, aber wie ganz anders war sein Ratschlag! Tamar steht Jonadab gegenüber, Weisheit gegen Gerissenheit. Angesichts ihrer Worte erscheint nicht nur Amnon, sondern auch Jonadab als ein Törichter. Aber in dieser Geschichte gehört den Ruchlosen der Sieg. Genau an diesem Punkt, als Tamar zum ersten Mal spricht, weist der Erzähler auf ihre Machtlosigkeit hin, indem er ihren Namen vermeidet. Wiederholt wird in den Einleitungen zu der direkten Rede der männlichen Figuren der Name genannt: »Jonadab sagte«, »Amnon sagte«, »David sagte« und »Abschalom sagte«. Dieses Muster wird auch dann benutzt, wenn das Pronomen *er* genügt hätte (z.B. 13,6c,10,15c). Im Gegensatz dazu geht der Name Tamar ihren Reden nie voraus, weder hier noch später (13,16a), nur das Pronomen *sie* bleibt. Dieser subtile Unterschied macht die Unterlegenheit der Frau deutlich. Ohne ihren Namen fehlt ihr die Macht. Nichtsdestoweniger spricht sie mit Vernunft und Weisheit.[36]
Tamars Worte treffen auf taube Ohren. »Aber er wollte nicht auf sie hören« (13,14a Luth).** Leidenschaftlich hat Amnon begehrt, sie zu

* You, you would be like one of
the fools in Israel.
Now speak to the king,
for he will not keep me from you.« *(13,12a-13c)*

** A.O./PTÜ:
He did not want to hear her voice. *(13,14a)*

sehen und zu berühren, denn mit diesen Sinnesorganen hat er mit ihr gemacht, was er wollte. Aber auf ihre Stimme zu hören, ist etwas anderes; es stört die Phantasievorstellungen, die Augen und Hand sich gemacht haben. Hören könnte Reue bedeuten. So zieht Amnon es vor, sich ihrer Stimme zu verschließen, ja es dem Erzähler zu überlassen, von seiner Weigerung zu berichten. Amnon macht sich im Grunde überhaupt nichts aus seiner Schwester. Er handelt gegen ihren Willen, nur um seiner Lust zu frönen.[37]

d) Die Vergewaltigung steht im Zentrum des Chiasmus. Schnell, aber auch mit Emphase, entwickelt sich die Tat. Das Erzählen in der dritten Person stellt eine Distanz zu dem Schrecken her, von dem berichtet wird. »Er war stärker als sie, so vergewaltigte er sie und legte sie [um]« (13,14b).* Alle drei Verben kommen aus dem vorhergehenden Abschnitt.[38] Derjenige, der »sie ergriff« (ḥzq; 13,11) ist natürlich »stärker (ḥzq) als sie«. »Schände (ʿnh) mich nicht«, hatte sie gebeten (13,12), nun »vergewaltigte (ʿnh) er sie«. »Lege (škb) dich zu mir«, hatte er befohlen (13,11); nun »legte (škb) er« sich aber nicht zu ihr – denn das Hebräische läßt die Präposition aus, um seine Brutalität hervorzuheben –, sondern »er legte sie [um]«.[39] Wenn die Wiederholung der Verben die Vorhersehbarkeit von Amnons Tun hervorhebt, so unterstreicht das direkte Objekt seine Grausamkeit, die über das Erwartete hinausgeht. Die Tat ist getan.

Die Gewaltsamkeit enthüllt den Haß, die Schattenseite der Lust. Mit tiefer Einsicht interpretiert der Erzähler den Schrecken der Tat.

Da-haßte-sie Amnon, ein Haß, groß in der Tat (mĕʾōd)
a b c
Wahrlich (kî), größer war der Haß, mit dem er-sie-haßte,
c′ b′ a′
als das Begehren, mit dem er-sie-begehrt-hatte. (13,15ab)**

* A.O./PTÜ:
He was stronger than she; thus he raped her and laid her. *(13,14b)*

** A.O./PTÜ:
Then hated her Amnon a hatred great indeed.
Truly greater the hatred, with which he hated her,
than the desire with which he desired her. *(13,15ab)*

Durch einen Chiasmus von sich wiederholenden Wörtern lenken die beiden ersten Zeilen dieses kunstvoll konstruierten Satzes den Haß auf Tamar.[40] In der ersten Zeile umzingelt der Haß sie (und auch Amnon!), in der zweiten aber greift er Tamar an durch die Betonung am Ende. Viermal fallen das Verb und das dazugehörige Substantiv über das Opfer her. Struktur und Vokabular stellen den Haß fest, und doch endet der Satz damit noch nicht. Parallel zu der Form der zweiten Zeile gibt es in der dritten einen Vergleich und einen Kontrast. Indem das Wort *begehren* ('hb) benutzt wird, um Amnons Gefühle für Tamar zu beschreiben (13,1,4), wird in dieser Zeile deutlich, daß die ganze Zeit über das Begehren nur Lüsternheit gewesen ist, nicht Liebe. Nachdem sie sich Genüge getan hat, versinkt die Lust im Haß. Alle Zweifel sind ausgeräumt, wenn das zweimalige Vorkommen des Wortes *begehren* dem viermaligen des Wortes *Haß* Platz macht.[41]

»Da haßte Amnon sie mit großem Haß.
Wahrlich, größer war der Haß, mit dem er sie haßte
als das Begehren, mit dem er sie begehrt hatte. (13,15ab)

Nachdem die Lust befriedigt worden ist, eskaliert ihr Angriff auf das Opfer. Das Verbrechen ist verachtenswert, das Nachspiel katastrophal.

c'-b') Ein letztes Gespräch zwischen Amnon und Tamar geht nun auch in Befehl und Reaktionen über. Der Zusammenbruch der Form und das Schrumpfen des Inhalts machen den irreparablen Schaden deutlich, den die Beteiligten genommen haben. Während vor dem Verbrechen vier hebräische Wörter für Amnons Begehren gebraucht wurden, »komm und lege dich zu mir, meine Schwester« (13,11c), drücken nun zwei Imperative seinen Gefühlsumschwung aus: »Steh auf, geh!« (13,15c). Er nennt sie nicht mehr »Schwester«, und er sucht auch keine Intimität mehr mit ihr.[42] Statt dessen wiederholt der Imperativ *geh'* (hlk) höhnisch den Befehl, der Tamar zuerst in sein Haus gebracht hatte, als David ihr gebot zu gehen (hlk; 13,7).
Diese beschimpfte Frau hört aber ebensowenig auf Amnons Befehl, sich zu entfernen, wie sie in seine Forderung, sich zu ihm zu legen,

eingewilligt hatte. Und sie läßt es auch nicht zu, daß Ärger ihren Blick trübt. Wenn sie vor der Tat Gerechtigkeit gesucht hatte, wieviel mehr erst danach! Obwohl die Zeit diesmal kürzer ist, sind ihre Worte ebenso fest. Sie beginnen mit der Verneinung »nicht doch ('al)«. Im Unterschied zu dem, was sie vorher sagte (13,12), fehlt hier die Anrede des Bruders.[43] Von Tamars Seite – ebenso wie von Amnons – gibt es eine verwandtschaftliche Ausdrucksweise nun nicht mehr: »Nicht doch«, sagt sie zu ihm, »denn mich fortzuschicken, ist ein größeres Übel, als das andere, das du mir angetan hast« ('śh) (13,16a).[44] Wenn der Erzähler es so auslegt, daß der Haß größer ist als (gĕdôlāh mē) das Begehren, so versteht Tamar es so, daß die Vertreibung schwerwiegender ist (gĕdôlāh mē) als die Vergewaltigung. Als er sie wegschickt, verschlimmert Amnon die Gewalttat noch, die er an ihr verübt hat, denn er verdammt sie damit zu lebenslanger Trostlosigkeit und Einsamkeit (vgl. 13,20b).

Tamar weiß, daß das Fortjagen nach der Vergewaltigung das Verbrechen noch schlimmer macht. Aber sie spricht umsonst zu diesem törichten und haßerfüllten Mann, der sich nicht im geringsten um Wahrheit und Gerechtigkeit kümmert, besonders wenn sie verkörpert vor ihm steht. Vor dem Verbrechen »wollte ('bh) er nicht auf sie hören« (šm'; 13,14a); nach der Tragödie bleibt er ebenso unbelehrbar. Daher kommt der Refrain des Erzählers »aber er wollte ('bh) nicht auf sie hören« (šm'; 13,16b). Die Worte dieser klugen Frau weist er zum zweiten Mal verächtlich von sich.[45] Danach spricht Tamar nicht mehr.

a') Der Schluß des Chiasmus schließt in erweiterter Form an seine Eröffnung an.[46] Amnon befiehlt »dem jungen Mann, der ihm aufwartete; ›Schicke diese hinaus von mir und verriegele die Tür hinter ihr‹« (13,17).* Am Anfang wollte Amnon, daß seine Diener draußen und Tamar drinnen seien (13,9de), am Ende will er, daß der Diener drinnen ist und Tamar draußen.[47] Obwohl seine beiden

---

* A.O./PTÜ:
»No«, she said to him, »because sending me away is a grater evil than the other which you have done to me«. *(13,16a)*
»Send out this from me to the outside and bolt the door after her« *(13,17)*

Befehle einander entsprechen, sind die hebräischen Verben unterschiedlich. Der Imperativ, mit dem Tamar fortgeschickt (šlḥ) wird, greift nicht auf Amnons früheres Vokabular (yṣ'; 13,9de) zurück, sondern ist eine spöttische Nachahmung ihrer eigenen Worte: »Mich fortzuschicken« (šlḥ), sagt sie, »ist ein größeres Übel als das andere, das du mir angetan ('śh) hast«. Amnon ist zu diesem Übel fähig. »Schicke (šlḥ) diese weg« (13,17b), befiehlt er, und dabei spricht er nicht zu der Frau, die vor ihm steht, sondern über sie hinweg. Sie ist für ihn nur noch ein Objekt, das er loswerden möchte. In vielen Übersetzungen heißt es: Schicke *diese Frau* hinaus von mir.[48] Das stimmt aber nicht ganz, denn im hebräischen Text steht nur das Demonstrativpronomen *diese*. Für Amnon ist Tamar ein Ding, ein »dieses«, das man wie Abfall hinauswerfen soll. Die er vor Augen zu haben begehrte, will sein Haß nun draußen haben, und die Tür soll hinter ihr verriegelt werden.

Jedoch seinem Befehl wird erst verzögert Aufmerksamkeit zuteil (vgl. 13,9de). Der Satz »Verriegele die Tür hinter ihr« (áḥăreyāh 13,17c) wird von einem erzählerischen Einschub unterbrochen, der mit den Worten beginnt »Nun trug sie« . . . (wĕ'ālêhā; 13,18a). Während Amnon sich von Tamar abwendet, sieht der Erzähler sie an. Wieder einmal steht sie im Mittelpunkt der Aufmerksamkeit und wieder einmal ohne ihren Namen. »Nun trug sie aber ein langes Gewand mit Ärmeln, denn so waren die jungfräulichen Töchter des Königs damals gekleidet«.[49] Traurigerweise ist Tamar das nicht mehr, was das Gewand aussagt. Diese Königstochter ist niemals als Tochter oder als königlich bezeichnet worden, und nun trifft das Wort *Jungfrau* auch nicht mehr auf sie zu. Tamar ist das Opfer einer Schande geworden, die durch ihre Kleider nicht verhüllt werden kann (vgl. Gen 2,25; 3,7).

Nachdem der Erzähler uns diese vernichtete Frau vor Augen geführt hat, wendet er sich wieder der Reaktion des Dieners zu. Auf den ersten Blick scheint er den Befehl genau auszuführen (vgl. 13,9de): »Er brachte sie hinaus, der eine, der ihm aufwartete, und verriegelte die Tür hinter ihr« (13,18b). Die Nuancen zeigen jedoch, daß Amnons Macht abnimmt. Die Beschreibung Tamars hat bereits die Kontinuität zwischen Befehl und Ausführung unterbrochen. Außerdem ist Amnon, wenn der Diener gehorcht, ironischerweise selbst im Gefängnis, hinter einer verriegelten Tür, während er den Beweis seines Verbrechens freigibt. Und nachdem der Imperativ »schicke hinaus« (šlḥ) noch Tamars Worte spöttisch nachahmte (13,17), gebietet der Erzähler dem Spott nun Einhalt. Zum ersten Mal überhaupt greift die weiterführende Erzählung Amnons Vokabular nicht mehr auf, als die Ausführung seines Befehls geschildert wird. Statt dessen wird dasselbe Verb »er *führte* sie *hinaus*« (yṣ') benutzt wie vorher (13,9de), als die Diener hinausgeschickt wurden. Diese Feinheiten in Form und Inhalt bringen zum Ausdruck, daß Amnon nun wirklich zu einem »Toren« in Israel geworden ist. Sicher rufen die Reaktionen auf seine letzten Worte Tamars Voraussagen in Erinnerung (13,13a).

Nach dem Verbrechen, 13,19-22

Nachdem die Vergewaltigung beendet ist, bewegt sich die Handlung auf das Nachspiel zu: ein Treffen zwischen Tamar und Abschalom, einen Bericht an David und eine abschließende Schilderung der Gestalten und ihrer Lebensumstände. Diese drei Episoden entsprechen, wenn auch mit spürbaren Differenzen, den drei Episoden vor dem Verbrechen. Die ersten zwei Abschnitte stehen in Inhalt und Anordnung parallel zu den beiden, die der Gewalttat unmittelbar vorausgehen. Die dritte Episode kehrt zu dem Eröffnungsvers der Geschichte zurück und rundet somit eine alles umfassende Ringkomposition ab (d. h. A,B,C,D,B',C',A').[50]

B'. *Tamar und Abschalom, 13,19-20.* Das Gespräch über Tamar, das Jonadab und Amnon vor dem Verbrechen führten, lief darauf hinaus, daß sie sich mit einer Bitte an David, die Autoritätsperson, wandten. Nun, nach dem Verbrechen, findet jenes Gespräch eine Entsprechung in der Begegnung zwischen Tamar und Abschalom, in der es um Amnon geht. Diese Begegnung besteht aus Beschreibungen Tamars (13,19 und 20c), die Abschaloms Worte an sie einrahmen (13,20ab). Der Erzähler gibt ihr ihren Namen wieder, läßt sie aber nicht selbst sprechen; somit bleibt sie machtlos. Sie ist nur noch ein Bild der Trostlosigkeit.

Tamar nahm Asche auf ihr Haupt
und das lange Gewand, das sie trug, zerriß sie.
Sie legte ihre Hand auf ihr Haupt,
und ging hinaus; als sie ging, weinte sie. (13,19)*[51]

In den Worten »Tamar nahm Asche auf ihr Haupt« kommt dasselbe Verb (lqḥ) vor, das Tamars Hilfeleistungen an Amnon bezeichnete: sie *nahm* den Teig, sie *nahm* die Pfanne und sie *nahm* das Brot (13,8,9,10) – ein Handeln, das darauf abzielte, das Leben ihres kranken Bruders wiederherzustellen, wird nun zu einer Bewegung, mit der sie auf ihren eigenen lebendigen Tod zugeht.[52] Außerdem symbolisiert das Zerreißen (qr') ihres langen Gewandes die Gewalt, die der jungfräulichen Prinzessin angetan worden ist. Die Vergewaltigung hat sie zerrissen ('nh; 13,14). Die Hand, die sie auf ihr Haupt legt, ist die Hand, von der Amnon angeblich essen wollte, als er seine Schwester ergriff (13,5,6,10,11). Eine trauernde Frau, so geht Tamar fort, sie weint.[53] Tränen haben die Stimme der Weisheit erstickt.
In fünf verschiedenen Ereignissen bildet das Verb, das ihr Fortgehen hier beschreibt – »sie ging hinaus (hlk)« –, einen Rahmen um alles, was sie in dieser Geschichte tut. Das erste Wort, das an sie gerichtet wird, das Wort, das ihr Leben für immer verändert, ist der Imperativ »geh!«. »Da sandte David zu Tamar ins Haus und ließ ihr sagen: ›Geh (hlk) in das Haus Amnons, deines Bruders!‹« (13,7). Im Indikativ gebraucht, charakterisiert dieses Verb ihren Gehorsam: »Tamar ging (hlk) in das Haus Amnons, ihres Bruders« (13,8). Dieser immer wiederkehrende Gebrauch des Verbs, mit einer jeweils besonderen Bedeutung gehört zu Tamar. Als sie versucht, vernünftig mit Amnon zu reden, fragt sie: »Und ich, wo soll ich mit meiner Schande hin (*gehen* hlk)?« (13,13). Die Trostlosigkeit, die in ihrer Frage liegt, findet Bestätigung, wenn das Verb zuletzt zweimal vorkommt, in Parallele zu den ersten beiden Malen. Entsprechend

* A.O./PTÜ:
Tamar took ashes upon her head
and the long robe that was upon her she tore.
She put her hand upon her head,
and she went out; as she went, she wept. *(13,19)*

Davids Imperativ sagt Amnon schließlich zu Tamar: »Geh!« (hlk; 13,15). Dieses Mal leistet sie zwar Widerstand, aber das Resultat ist unausweichlich. »Sie ging hinaus (hlk); als sie ging (hlk), weinte sie« (13,19d). Um dem Verb eine besondere Betonung zu geben, wird es am Ende wiederholt und damit ihrem Schmerzensschrei zugeordnet. Wenn sich dieser rhetorische Kreis schließt, sind Tamars Handlungen beendet.

Gleich darauf spricht Abschalom. Seine Worte bilden den Mittelpunkt der Episode. Die Gegenwart des Prinzen hat zwar von Anfang an über der Geschichte geschwebt (13,1), er tritt aber erst jetzt selbst in Erscheinung. Der Erzähler betont weiterhin die verwandtschaftliche Beziehung, wenn er ihn als Tamars Bruder einführt. Abschalom greift das Thema auf, als er sie anredet.

Und ihr Bruder Abschalom sprach zu ihr:
»Ist dein Bruder Amnon bei dir gewesen?
Nun, meine Schwester, schweig still; er ist dein Bruder,
Nimm dir diese Tat nicht so zu Herzen«. (13,20ab)*

In der Wortwahl von Abschaloms Rat wird die Schwester von dem Bruder, der sie vergewaltigt hat, umgeben, und somit wird die kreisförmige Struktur wiederholt, die Tamar von Anfang an in die Falle gelockt hatte. Aber der Erzähler deutet eine Veränderung an. Über Amnon, ihrem Bruder, steht Abschalom, ihr Bruder. Er hat das Geschick, vieldeutig zu sprechen. Oberflächlich scheinen seine Worte sich mit der Vergewaltigung auseinanderzusetzen, die allerdings nur angedeutet wird. Im Namen der Familienloyalität scheint Abschalom Tamar zum Schweigen zu bringen, das Verbrechen herunterzuspielen und Amnon zu entschuldigen.[54] Aber der Inhalt und die verschachtelten Strukturen der ganzen Geschichte weisen auf eine andere Lesart hin. Im Gegensatz zu allen anderen männlichen Gestalten in der Geschichte ist Abschalom der Fürsprecher Tamars.

---

* A.O./PTÜ:
And Absalom her brother said to her,
»Was Amnon your brother with you?
Now, my sister, be quiet; your brother is he
Do not take to your heart this deed«. *(13,20ab)*

Erstens ist er als Ratgeber für sie das, was Jonadab für Amnon war. Als Jonadab Amnon nahelegte, »sich krankzustellen«, gab er ihm den Rat, etwas vorzugeben, um zu einer bestimmten Zeit einen bestimmten Zweck zu erreichen. Als er davon sprach, daß Tamar das Essen zubereiten solle, damit Amnon von ihrer Hand essen könne, verhüllte seine Ausdrucksweise einen Plan der Manipulation, Verführung und Vergewaltigung. Mit gewissen Nuancen scheint auch Abschaloms Rat an Tamar einen Racheplan zu verbergen. »Schweig still . . . nimm dir nicht zu Herzen« legt ihr nahe, etwas vorzutäuschen, um zu einer bestimmten Zeit einen bestimmten Zweck zu erreichen.[55] Abschalom leitet seine Worte ausdrücklich mit dem Adverb 'attāh »nun« oder »vorläufig« ein. So wie Amnons Täuschung David betrog, so soll auch Tamars Täuschung Amnon irreführen. Außerdem spielen solche Euphemismen, wie »bei dir gewesen« oder »diese Tat«, das Verbrechen eigentlich nicht herunter, sondern heben seinen Schrecken gerade noch hervor –, sie versuchen, das Unaussprechliche zuzudecken, ebenso wie Jonadabs harmlose Ausdrucksweise die Vergewaltigung förderte. Es ist deutlich, daß Abschalom ein Gegenspieler Jonadabs ist, wenn er auch als Ratgeber Tamar nicht das ersetzen kann, was sie verloren hat.

Zweitens: Abschalom ist der Gegenspieler Amnons: »Und ihr Bruder Abschalom sprach zu ihr: ›Ist dein Bruder Amnon bei dir gewesen? . . . Er ist dein Bruder‹«. Der Bezug auf den Bruder ruft die Spannung wieder in Erinnerung, die in dem Eröffnungsvers der Geschichte lag, wo Abschalom und Amnon Tamar umgaben (13,1). Amnon verführte und beschmutzte Tamar, Abschalom unterstützt und schützt sie. In Sätzen, die grammatisch parallel laufen, reden beide Brüder sie als »meine Schwester« an, allerdings mit verschiedenen Absichten. Bei Amnon prägte Begierde die Ausdrucksweise – »Komm, lege dich zu mir, meine Schwester« (13,11) –, bei Abschalom wird der Rat von Zärtlichkeit getragen: »Sei vorerst still, meine Schwester«. Weit davon entfernt, Amnons Tat zu übersehen, sinnt Abschalom auf Rache.[56] Bruder steht gegen Bruder um Tamars, ihrer Schwester, willen.

Drittens: Abschalom ist der Gegenspieler Davids. Als Jonadab und Amnon David dazu benutzten, das Hindernis Abschalom zu überwinden, schwächten sie die Autorität des Königs. Nun spricht

Abschalom zu Tamar aus eigener Machtvollkommenheit, ohne sich an David zu wenden. Auch seine Position in dem Entwurf der Geschichte weist darauf hin, daß er nun an die Stelle des Königs tritt. Wenn unmittelbar vor dem Verbrechen der Handlungsverlauf noch von David bestimmt wurde, so übernimmt jetzt Abschalom die Führung. Seine Worte stehen im Mittelpunkt dieser Episode, und er ist es, nicht der König, der über das Leben von Tamar bestimmt. Als der einzige, der nach dem Verbrechen spricht, hat er die Macht zu handeln, und diese Macht will er für Tamar einsetzen. Somit unterscheidet Abschalom sich von den anderen männlichen Figuren, auch wenn er seiner Schwester die Trostlosigkeit nicht abnehmen kann.
Wie am Anfang dieser Episode (13,19) wird auch am Ende Tamars Zusammenbruch hervorgehoben. Sie lebt im Tode.

So blieb Tamar, und sie war trostlos,
im Hause ihres Bruders Abschalom. (13,20c)

In dem ersten Haus (13,7a) war sie eine schöne Jungfrau (13, 1,2), in dem Haus ihres Bruders Amnon (13, 7b,8) wurde sie ein geschändeter Gegenstand (13,14,17), und in dem Haus ihres Bruders Abschalom (13,20c) ist sie die trostlose Schwester.[57] Wenn der Ausdruck *trostlos sein* (šmm) sonst in der Schrift in Verbindung mit Menschen gebraucht wird, dann im Sinne von »dahin sein«/»verstört sein« (Klgl 1,16, Luth/Zür) oder von »zerfleischt sein, zunichte gemacht« (Klgl 3,11, Luth/Zür).[58] Vergewaltigt, verachtet und verstoßen von einem Mann, ist Tamar eine Frau voller Schmerzen und Gram. Sie ist vom Lande der Lebenden abgeschnitten, geschlagen für die Sünden ihres Bruders; sie selbst aber hat keine Gewalt getan, und Betrug ist nicht in ihrem Munde. Ungeachtet dessen, was Abschalom für die Zukunft plant, ist der Erzähler voller Verständnis für das unendliche Leiden, das sie jetzt empfindet.

So blieb Tamar, und sie war trostlos,
im Hause ihres Bruders Abschalom. (13,20c)*

---

* A.O./PTÜ:
So Tamar dwelt, and she was desolate
in the house of Absalom her brother. *(13,20c RSV*)*

Auch bei dieser Beschreibung hebt der Erzähler die geschwisterlichen Bande wieder hervor. Die Wiederholung des Ausdrucks »ihr Bruder Abschalom« entspricht der Einleitung zu seiner Rede »und ihr Bruder Abschalom sprach zu ihr« (13,20a). Diese Wörter bilden einen Kreis um den anderen Kreis herum, den Abschalom zog, als er die Wendung »dein Bruder Amnon« benutzte (13,20b). Im Mittelpunkt der beiden Kreise steht Abschaloms Anrede »meine Schwester«. Diese Bezeichnung wird hier ganz anders gebraucht als früher von Amnon (13,11). Während der Bruder Amnon seine Schwester Tamar in die Falle lockte, umgibt Abschalom sie nun beide, um Amnon zu vernichten und Tamar zu trösten.[59] Form und Inhalt zeigen, daß Abschalom nicht nur Amnons Gegenspieler ist, sondern ihn auch überwindet.

C'. *David und seine Kinder, 13, 21.* Im Unterschied zu dem früheren Gespräch zwischen Jonadab und Amnon läuft die Begegnung zwischen Tamar und Abschalom nicht auf eine Bitte an David hinaus. Trotzdem wendet sich die zweite Episode des Nachspiels David zu durch Beobachtungen, die der Erzähler macht. »Und als der König von diesen Taten hörte, wurde er sehr zornig«.[60] Die Inversion der üblichen Wortfolge in einem hebräischen Satz, die Stellung des Subjekts vor dem Verb, hebt den Gegensatz zwischen David und Abschalom hervor. Die Nennung von Titel und Namen (»der König David») verstärkt die Ungleichheit noch. Es ist die Bezeichnung als König, nicht als Vater, die Macht bedeutet, aber eine Macht, die ihre Verantwortung verloren hat. Abschalom, der Bruder, hat etwas von einem Plan angedeutet, König David dagegen sagt nichts und plant nichts.

Der uns überlieferte Text sagt nur, daß der König »sehr zornig« wurde. Eine Qumran-Handschrift fügt hinzu, »denn er liebte ihn, weil er sein Erstgeborener war«. Diese Erklärung legt unterschiedliche Interpretationen nahe. Ist David ärgerlich über Amnon, um dessentwillen, was er getan hat, oder ist David zornig über das, was Amnon zugestoßen ist? Mit anderen Worten, verzeiht die Liebe des Vaters zu seinem Erstgeborenen das Verbrechen, oder klagt er es an? Die griechische Bibel beseitigt diese Zweideutigkeit: »Aber er

[David] tat seinem Sohn Amnon nichts zuleide, weil er sein Erstgeborener war« (Luth).[61] Davids Zorn zeigt volle Sympathie für Amnon und völlige Gleichgültigkeit gegenüber Tamar. Wie richtig ist es, daß die Geschichte niemals von David und Tamar als von Vater und Tochter spricht! Der Vater identifiziert sich mit dem Sohn, der Ehebrecher unterstützt den Vergewaltiger, der Mann tritt an die Seite des Mannes, um der Frau Gerechtigkeit zu versagen.[62] Schließlich gibt es in diesen Tagen einen König in Israel, und er tut genau das, was in seinen Augen recht ist.[63] Aber David hatte wahrhaftig keinerlei Recht zu zürnen (vgl. Jon 4,4.9)!

A'. *Schluß: Die Figuren und ihre Lebensumstände*

, *13,22.* Der Erzähler hat noch das Wort, er kehrt in dem letzten Vers der Geschichte zu dem ersten zurück und bringt damit den umfassenden Rahmen zum Abschluß.

Abschalom redete nicht (dbr) mit Amnon
weder Böses noch Gutes,
aber Abschalom haßte Amnon wegen der Tat (dbr),
daß er Tamar, seine Schwester, vergewaltigt hatte. (13,22)*[64]

Ganz am Anfang erschienen Abschalom und Amnon, beide als Söhne Davids, in paralleler Anordnung um Tamar. Bezeichnenderweise kam Abschaloms Name zuerst, obwohl die Geschichte dann mit Amnon weiterging:

Abschalom, der Sohn Davids, hatte
eine schöne Schwester mit dem Namen Tamar,
und es begehrte sie Amnon, der Sohn Davids. (13,1)

Hier am Ende (13,22) sind die drei zentralen Gestalten noch da, während Davids Name passenderweise nicht mehr genannt wird.

---

* A.O./PTÜ:
Absalom did not speak with Amnon
either evil or good,
but Absalom hated Amnon on account of the deed
that he raped Tamar his sister. *(13,22)*

Die Brüder stehen nun nicht mehr in Parallele zueinander, sondern begegnen sich als Subjekt und Objekt. Abschalom spricht nicht mit Amnon.[65] Abschalom haßt (śn') Amnon, und Amnon haßt (śn') Tamar (13,15b). Die Befriedigung von Amnons Verlangen hat an die Stelle der Begierde ('hb) einen zunehmenden Haß gesetzt, ja einen Haß, der sich nun gegen Amnon selbst wendet.[66] Sein Bruder Abschalom, ein größeres Hindernis denn je (vgl. 13,4), hat jetzt die Macht zu handeln.[67] Unheilverkündendes Schweigen legt sich über den Haß der Brüder.
Tamars Stellung hat sich auch verändert. Sie wird nun nicht mehr von zwei Brüdern umgeben (vgl. 13,20) und auch nicht mehr von Amnon begehrt, sondern sie scheint nun außerhalb dieser Beziehungen zu stehen. Wie im Eröffnungsvers der Geschichte wird sie Schwester Abschaloms genannt, aber dieses Mal wird dem Substantiv kein Adjektiv beigefügt, das auf ihre Schönheit hinweist. Statt dessen steht ein Verb dabei, das das Objekt in den Schmutz zieht, und die Bezeichnung als Schwester unterstreicht dabei noch den Schrecken der Tat. Die schöne Jungfrau, die von beiden Seiten umgeben war (13,1-2), ist die geschändete und isolierte Schwester geworden (13,22). Ihr Elend ist der Grund für Schweigen und Haß, und somit paßt es dazu, wenn am Ende der Geschichte Tamar noch einmal hervorgehoben wird.

aber Abschalom haßte Amnon wegen der Tat,
daß er Tamar, seine Schwester, vergewaltigt hatte.

Reaktionen auf das Verbrechen

Von seiten Abschaloms und des Erzählers. Durch seine Drohung und das unheilverkündende Schweigen deutet der Schluß der Geschichte eine Fortsetzung an.[68] Abschalom wartet zwei Jahre (13,23-39). Dann überredet er seinen Vater, daß er Amnon mit nach Baal Hazar[69] gehen läßt, und dort befiehlt er, ihn zu töten, während Amnon »guter Dinge ist vom Wein« (13,28,Luth). Und so geschah es.[70] Kein anderer als der »sehr erfahrene« Jonadab erklärt David den Mord: »Denn das hatte Absalom im Sinn von dem Tage an, da jener [Amnon] seine Schwester geschändet ('nh) hatte« (13,32,Luth).[71]

Abschalom flieht. David trauert, allerdings wissen wir nicht genau, ob er sich um Amnon, den Ermordeten, oder um Abschalom, den Flüchtigen, grämt.[72] Sicher wissen wir nur, daß es ihm nicht um Tamar, die Geschändete, geht.
Nach drei Jahren kehrt Abschalom nach Jerusalem zurück, aber David weigert sich eine Zeitlang, ihn zu sehen (14,1-33). Als der Erzähler von diesen Ereignissen berichtet, schiebt er folgende Beschreibung ein: »Es war aber in Israel kein Mann so schön (yph) wie Abschalom; und er hatte dieses Lob vor allen; von der Fußsohle bis zum Scheitel war nicht ein Fehl an ihm« (14,25,Luth). *Schön* ist dasselbe Wort, das einst für Tamar gebraucht wurde. Bruder und Schwester waren ein ansehnliches Paar in Israel, aber nun lebt die Schwester trostlos dahin. Der Erzähler weiß noch mehr zu dem Thema zu sagen, als er von Abschalom auf dessen Nachkommen übergeht: »Und Absalom wurden drei Söhne geboren und eine Tochter, die hieß Tamar« (14,27, Luth). Es fällt auf, daß die Anonymität der Söhne den Namen des einzigen weiblichen Kindes besonders hervorhebt. In ihr hat Abschalom seiner Schwester ein lebendiges Denkmal gesetzt. Eine weitere Bemerkung unterstreicht dessen Bedeutung noch. Tamar, die Tochter Abschaloms »war ein schönes (yph) Mädchen«. Von der Tante sind Name und Schönheit auf die Nichte übergegangen, so daß Vergewaltigung und Trostlosigkeit nicht das letzte Wort in der Geschichte von Tamar haben.

Von seiten der Leser. Abschalom bewahrt ihr Gedächtnis, der Erzähler berichtet, und wir, als Leser, reagieren.[73] Wenn wir auch nicht Abschaloms gewaltsame Rache gutheißen können, so können wir uns doch das Mitleid, das er für seine Schwester empfindet, zu eigen machen. Eine solche Sympathie führt zu ironischen Gedanken über einen Abschnitt in den Sprüchen. Als Lehrbuch für junge Männer[74] nutzen die Sprüche oft Frauen für ihre eigenen Zwecke aus. Die fremde Frau symbolisiert die böse Frau, vor der die Dame Weisheit[75] den Mann beschützen kann.[76] Dieser Gegensatz wird auch herausgestellt, wenn der Lehrer einen jungen Mann ermahnt:

Sprich zur Weisheit: Du bist meine Schwester,
und nenne die Klugheit deine Freundin,

daß sie dich behüte vor der Frau des anderen,
vor der Fremden, wenn sie glatte Worte gibt. (Spr 7,4-5,Luth)

Nur hier bezeichnen die Sprüche Weisheit als eine »Schwester«.[77] Der familiäre Terminus klingt in unserer Geschichte wieder an, wenn Amnon die weise Tamar seine Schwester nennt.[78] Aber an dieser Stelle setzt die Ironie ein. »Komm, lege dich zu mir, meine Schwester!« verlangt Amnon und pervertiert damit die Bezeichnung, um seiner Lust zu frönen. Tamar antwortet mit Weisheit:

Nicht doch, mein Bruder.
Schände mich nicht,
denn so tut man nicht in Israel
Tu nicht solch eine Schandtat! (13,12,Luth)

Selbst nachdem er sie schon vergewaltigt hat, spricht sie voller Weisheit weiter!

Denn mich fortzuschicken ist ein größeres Übel
als das andere, das du mir getan hast. (13,16)

Der ersten Zeile des Spruches Folge leistend, sagt Amnon tatsächlich zu Tamar: »Meine Schwester bist du«. Seine Umarmung jedoch läuft nur auf eine Schändung der Weisheit hinaus. Auch durch die zweite Zeile wird dieser Kontrast sichtbar: »Nenne die Klugheit deine Freundin (oder Verwandte).« Auch dieser Rat wird von Amnon falsch angewandt, denn er wählt sich den gerissenen Jonadab zum Freund. Dieser heckt einen Plan aus, der der begehrlichen Phantasie des Prinzen Vorschub leistet. Insofern kommt von diesem Verwandten nur Niederträchtigkeit, nicht Einsicht.
Als er zur Weisheit sagte: »Meine Schwester bist du« und sich ratsuchend an einen intimen Freund wandte, wurde Amnon tatsächlich bewahrt »vor der Frau des anderen, vor der Fremden, wenn sie glatte Worte gibt«. Aber *sie* war ja gar nicht seine Versuchung. Sein Übel war seine eigene Begierde, und vor der mußten andere geschützt werden. Somit enthüllt Amnons Verhalten die frauenfeindliche Voraussetzung dieses Spruches und kann uns zu einer ganz anderen Sicht der Dinge führen. Auch verlangt das Mitleid mit Tamar eine neue Sehweise. Wenn Schwester Weisheit einen jungen

Mann vor einer unmoralischen Frau schützen kann, wer wird dann Schwester Weisheit vor einem ungezügelten Mann schützen, der hier nicht durch einen Fremden, sondern durch den eigenen Bruder symbolisiert wird? Wer wird Schwester Weisheit vor dem Abenteurer, dem Vergewaltiger mit seinen glatten Worten, wollüstigen Augen und zugreifenden Händen bewahren? Diese Frage zu beantworten, ist Israel schuldig geblieben – *und wir auch.*

Anmerkungen

1. Mit vielleicht ein paar zusätzlichen Abschnitten bilden 2 Sam 9-20 und 1 Kön 1-2 die längere Erzählung. Zu den historischen Fragen, siehe die Neuerscheinung *John Van Seters*, In Search of History, New Haven und Londen, 1983, S. 277-91. Bibliographien bis einschließlich 1978, siehe *D.M Gunn*, The Story of King David, JSOT Supp. 6, Sheffield 1978, S. 142-53. *Charles Conroy*, Absalom, Absalom! Narrative and Language in 2 Sam 13-20, Rom 1978, S. 155-73. Innerhalb dieser längeren Erzählung erkennt Conroy 2 Sam 13-20 als eine ursprünglich selbständige Einheit (S. 1-6, 86-114), eine Ansicht, die von *P.Kyle McCarter, Jr.* geteilt wird, Plots, True and False: The Succession Narrative as Court Apologetic, Int 35 (1981), S. 362-63; vgl. *Peter R. Ackroyd*, der 2 Sam 13-19 als die Einheit bezeichnet, in: The Succession Narrative (so-called), Int 35 (1981), S. 385-86. *R.A. Carlson* isoliert 2 Sam 13-14 als eine Einheit; siehe: David, the Chosen King, A Traditio-Historical Approach to the Second Book of Samuel, Stockholm 1964, S. 163-67. Zu diesem Abschnitt gehört unsere Geschichte, die selbst eine eigene Einheit darstellt.
2. Zu den neueren literarischen Untersuchungen gehört *George Ridout*, The Rape of Tamar, A Rhetorical Analysis of 2 Sam 13, 1-22, in: Rhetorical Criticism, hg. von *Jared J. Jackson* und *Martin Kessler*, Pittsburgh 1974, S. 75-84; *Conroy*, Absalom Absalom! S. 17-39; *J.P. Fokkelman*, King David, vol. 1, Narrative Art and Poetry in the Books of Samuel, Assen, die Niederlande 1981, S. 99-114. *Kiyoshi K. Sacon*, A Study of the Literary Structure of »The Succession Narrative«, in: Studies in the Period of David and Solomon, and Other Essays, hg. von *Tomoo Ishida*, Winona Lake, Ind. 1982, S. 27-54. Nur in einem kurzen englischen Auszug zugänglich war mir das Werk von *S. Bar-Efrat*, Literary Modes and Methods in the Biblical Narrative, in view of II Sam 10-20; I Kings 1-2 (auf hebräisch); siehe aber seinen Artikel, Some Observations on the Analysis of Structure in Biblical Narrative, VT 30 (1980), bes. S. 162-63. Im Kontrast, nicht in Opposition, zu diesen Untersuchungen gehe ich mit einer feministischen Perspektive an die Texte heran, so daß die hermeneutischen Hervorhebungen andere sind, auch wenn die literarischen Beobachtungen übereinstimmen.
3. Wo sie nicht besonders gekennzeichnet sind, sind die zitierten Kapitel und Verse dem 2. Buch Samuel entnommen.
4. Wenn Ridout 13,4 mit zu dieser ersten Episode rechnet, entgeht ihm die Ringkomposition, und er unterbricht dann auch die direkte Rede von 13,4-5; siehe The Rape of Tamar, S. 81.
5. Obwohl keins der drei Kinder vorher in Erscheinung getreten ist, werden

die Namen der Söhne in der Familienchronik genannt (2 Sam 3,2-3). Über die Rivalität zwischen Amnon und Abschalom aufgrund der mütterlichen Linie, siehe *Jon D. Leverson/Baruch Halpern*, The Political Import of David's Marriages, JBL 99 (1980), S. 507-18. Die Tochter Tamar ist eine neu auftretende Gestalt. Als Halbschwester des einen und richtige Schwester des anderen Bruders hat sie dennoch keinen Platz in der Liste von Davids Nachkommenschaft. Diese Auslassung klingt in unserer Geschichte wieder an. Während von Vater und Sohn gesprochen wird, kommt die Bezeichnung Vater und Tochter nirgends vor.

6. Im Gegensatz zu Übersetzungen, die von Amnons Verlangen ('hb) als Liebe sprechen (z.B. RSV, NEB und NAB; vgl. Luth, Zür, und Buber), habe ich das mehrdeutige Wort *Begehren* (amer. desire) gewählt, um durch die Handlung die genaue Bedeutung hervortreten zu lassen (vgl. NJV)
7. Über die Bedeutung der verwandtschaftlichen Epitheta, siehe *Ridout*, The Rape of Tamar, S. 75-78; auch *Robert Alter*, The Art of Biblical Narrative, New York 1981, S. 180.
8. Zu negativen Bedeutungen der Wendung »jemandem etwas tun«, siehe Gen 22,12 und Jer 39,12.
9. Zu der moralisch neutralen Qualität des »sehr erfahren« (ḥkm), siehe *R.N. Whybray*, The Succession Narrative, Naperville, Ill. 1968, S. 58; *ders.* The Intellectual Tradition in the Old Testament, Berlin 1974, S. 89-93.
10. Gegen *Conroy*, Absalom Absalom! S. 28. Jonadabs Frage ist nicht notwendigerweise ein »Zugeständnis des Nicht-wissens«, das vielleicht schon »eine schlechtere Beurteilung seines Scharfsinns andeutet«. Als erfahrener Ratgeber beobachtet Jonadab Amnons Zustand und fordert den Prinzen dann dazu auf, sein Problem zur Sprache zu bringen.
11. Dieses sind alles die Nebenbedeutungen des Adjektivs *dal*.
12. Siehe *Harry Hagan*, Deception as Motif and Theme in 2 Sam 9-20; 1 Kgs 1-2, Biblica 60 (1979), S. 308-10.
13. Man beachte die chiastische Anordnung der Sequenz: zu essen geben/ zubereiten/sehen/essen.
14. Gegen *Burke O. Long*, Wounded Beginnings: David and Two Sons, in: Images of Man and God, hg. von *Burke O. Long*, Sheffield 1981, S. 28, 116 Anm. 20. Das Verb *sehen* (r'h) spielt sowohl auf die Perspektive an, die Jonadab Amnon gibt, als auch auf den bevorstehenden Besuch Davids, der den kranken Mann sehen (r'h) will (13,6).
15. Eine weitere Einschätzung Jonadabs findet man bei *Fokkelman*, King David, S. 109.

16. Ein Vergleich von Jonadabs Worten (13,5b) mit Amnons Version (13,6b) zeigt folgendes: a) Die ersten Zeilen sind identisch. b) Jonadab benutzt die neutralen Wörter lḥm und bryh für Brot und Essen, wohingegen Amnon auf einen besonderen Terminus übergeht (lbbt) und damit ein erotisches Wortspiel einführt (s. unten). c) Die Wendung »vor meinen Augen« kommt in beiden Reden vor, um auf die Aussage des Erzählers anzuspielen, daß es »unmöglich war in Amnons Augen, ihr irgend etwas zu tun« (13,2). d) Jonadab hatte zwei Bitten vorgeschlagen, zu-essen-geben und Essen-zubereiten, aber Amnon zitiert nur die eine, das Brotmachen. e) In ähnlicher Weise modifiziert Amnon das gewünschte Resultat. Während Jonadab vom Sehen und Essen ('kl) »von ihrer Hand« sprach, läßt Amnon das Sehen aus und gebraucht ein anderes Wort für essen (brh), behält aber den Ausdruck »von ihrer Hand« bei. Solche stilistischen Variationen kennzeichnen die Charaktere.
17. Siehe *Conroy*, Absalom Absalom! S. 29 f., bes. Anm. 43; *Fokkelman*, King David, S. 105-6; vgl. *Hans Wilhelm Hertzberg*, I & II Samuel, OTL, Philadelphia 1964, S. 323.
18. Zwei von Amnons verräterischen Wendungen läßt David aus: »vor meinen [seinen] Augen«; »daß ich [er] esse von ihrer [deiner] Hand«. Außerdem kehrt David zu dem Vokabular Jonadabs zurück, wenn er das Brotmachen (bryh) befiehlt, obwohl Amnon das Brot (lbbt) erbat, das sein Herz begehrte. So vermeidet David diese gefährlichen Wörter, behält aber das unheilverkündende Verb *machen* oder *tun* ('śh) bei, das der Erzähler eingeführt hatte (13,2), Jonadab in seinem Sinne verwendete (13,5b) und Amnon gerne übernahm (13,6b).
19. Über die Bedeutung von Befehl und Reaktion, siehe *Conroy*, Absalom Absalom! S. 19, 37-38.
20. Man beachte, daß der Erzähler das Geschehen mit Amnons Augen sieht, um das Brot als eine besondere Speise (lbbt), als das Verlangen seines Herzens zu bezeichnen und nicht als die normale Ernährung, von der Jonadab und David sprachen.
21. Siehe *Long*, Wounded Beginnings, S. 28.
22. Diese zentrale Einheit ist der D-Abschnitt in der umfassenden Komposition; siehe das Schema in dem zweiten Abschnitt dieses Kapitels.
23. Obwohl sie in der Form parallel sind, weichen diese Abschnitte in Länge und Inhalt voneinander ab. Länger als der Anfang (13,9de), enthält das Ende (13,17-19) eine parenthetische Anmerkung vom Erzähler (13,18a), die den direkten Befehl und seine Ausführung trennt.
24. Man beachte, daß der strukturelle Zusammenbruch der Vergewaltigung

folgt. So kennzeichnet die fehlerhafte Struktur die Verletzung, die die Gestalten selbst erlitten haben; Schändung verletzt die ordentlichen Lebensmuster.

25. Während die umgebenden Abschnitte direkte und indirekte Rede vermischen, wird nur in der letzteren von der Vergewaltigung berichtet und somit eine Distanz dazu hergestellt.

26. Siehe die Kommentare zu 13,1-3 oben.

27. Zu der Rolle des Erzählers in der Geschichte, siehe *Conroy*, Absalom Absalom! S. 22-26; vgl. *Whybray*, The Succession Narrative, S. 15-16. Über die Allwissenheit und Unaufdringlichkeit des biblischen Erzählers, siehe *Alter*, The Art ob Biblical Narrative, S. 183-85.

28. Schlauerweise geht Amnon auf das neutrale Wort für Essen (bryh statt lbbt) über, als er zu der Frau spricht, die sein Trieb begehrt.

29. Das Epitheton »ihr Bruder« unterstreicht das Familienthema, das sich durch die ganze Geschichte zieht.

30. Zu ḥzq, vgl. Ri 19,25,29. Siehe Kap. 3 unten.

31. Im Hebräischen endet jedes dieser kurzen Wörter mit dem gleichen Vokalklang (î), um eine emphatische Assonanz hervorzurufen (vgl. 13,4). Sie spielen auch auf das frühere Vokabular an. »Komm' (bô'î)«. Ebenso wie andere hat dieses Wort (bô') die Geschichte zu ihrem Höhepunkt geführt. Jonadabs Plänen folgend, kommt David zu Amnon, um die Bitte zu hören: »Laß Tamar, meine Schwester, kommen« (13,5,6). »Lege dich (šikbî): Dreimal benutzt, um Amnons Lage zu beschreiben (13,5,6,8), nimmt dieses Wort nun eine andere Bedeutung an. Der kranke Sohn, der sich hingelegt hat, ist der begehrliche Bruder, der sich mit seiner Schwester hinlegen will. »Lege dich zu mir ('immî)«: Das Pronomen »mir« erinnert an die Emphase, mit der Amnon Jonadab sein selbstsüchtiges Verlangen gestand. »Ich ('ănî)«, sagte er »begehre« (13,4). »Komm' und lege dich zu mir, meine Schwester ('ăḥôtî): Die Anrede ruft widersprüchliche Assoziationen hervor. In der Liebespoesie Israels ist »meine Schwester« eine Anrede des Respekts und der Zärtlichkeit (vgl. Hld 4,9,10,12; 5,1-2), aber auf Amnons Lippen ist sie Betrug und Verführung (vgl. 13,5,6). Sinnliches Verlangen tritt großspurig als Zuneigung auf, das In-die-Falle-locken als Zärtlichkeit.

32. Zu der Technik des kontrastiven Dialogs, siehe *Alter*, The Art of Biblical Narrative, S. 72-74. Im Unterschied zu Alter sehe ich Tamars lange Rede nicht als eine »Art von panikerfülltem Katalog« an.

33. *Conroy* sieht hier eine konzentrische Satzstruktur; siehe Absalom Absalom! S. 31:

A. Emphatisches Verbot: Nicht doch, mein Bruder, schände mich nicht

B. Vernunft-Klausel: denn so tut man nicht in Israel
A' Wiederholung des Verbots: Tu nicht eine solche Schandtat.

34. Zu der Bedeutung des Terminus nĕbālāh (Schandtat), siehe *Anthony Phillips*, Nebalah, a term for serious disorderly and unruly conduct, VT 25 (1975), S. 237-41. Zu der sexuellen Bedeutung vgl. Gen 34, 7; Dt 22,21; Ri 19,23-24. Für dieses Wort und andere findet *Carlson* eine assoziative Basis in Ri 19-21; siehe *Carlson*, David, the Chosen King, S. 165-67; siehe auch Kap. 3 unten.
35. Zu der Legalität einer Heirat von Tamar und Amnon, siehe *Conroy*, Absalom Absalom! S. 17-18, Anm. 3 und 4; Auch *Phillips*, Nebalah, S. 239.
36. *Hagan* nennt sie »die wirklich Weise in der Geschichte«; siehe: Deception as Motif and Theme, S. 310.
37. Vergewaltigung, nicht Inzest, ist Amnons Verbrechen; siehe *Conroy*, Absalom Absalom!, S. 18 Amn. 4; *Fokkelman*, King David, S. 103-4. Gegen *James W. Flanagan*, Court History or Succession Document? A Study of 2 Sam 9-20 and 1 Kings 1-2, JBL 91 (1972), S. 180; und offensichtlich auch *Long*, Wounded Beginnings, S. 27. Den Ausdruck »gegen ihren Willen« habe ich von *Susan Brownmillers* Untersuchung über Vergewaltigungen übernommen: Against Our Will, New York 1975, S. 18.
38. Zu den drei Ebenen von Gewalt, siehe *Fokkelman*, King David, S. 106-7.
39. Über die Wanderschaft des Verbs škb, siehe a.a.O., S. 104-5.
40. Siehe *Ridout*, The Rape of Tamar, S. 83. *Fokkelmans* Paarung von mĕ'ōd und kî ist nicht ganz überzeugend, King David, S. 107. Diese beiden Wörter passen zwar in die konzentrische Struktur, sie sind aber, im Unterschied zu anderen Paaren, keine Wiederholungen.
41. Bis jetzt kommen *Begehren* und *Haß* gleich oft vor, nämlich jedes viermal (13,1,4,15). Aber das Ungleichgewicht im Zentrum der Geschichte (13,15) zeigt, daß Haß die Unklarheit des Verlangens überholt und es am Ende übertrifft (siehe 13,22).
42. Gegen *Fokkelman*, King David, S. 108; die Hälften dieses Chiasmus der Befehle »entsprechen einander nicht genau«. Der springende Punkt ist, daß die Vergewaltigung die perfekte Symmetrie von Form, Inhalt und Figuren zerstört hat.
43. Der hebräische Text von 13,16 ist zwar unklar, aber die Anrede des Bruders steht dort nicht (siehe ASV, NEB, NJV; vgl. Luth, Buber). Diejenigen Übersetzungen, in denen »mein Bruder« vorkommt, folgen der lukianischen Rezension der griechischen Bibel (z. B. RSV, JB und

NAB; vgl. Zür); siehe *S.R. Driver*, Notes on the Hebrew Text and the Topography of the Books of Samuel, Oxford 1960, S. 298-99. *Ridout* beobachtet, daß die lukianische Lesart eine genaue Parallele bietet zu der Anrede in 13,12 und dadurch die durchgängige Symmetrie von 13,11-14a und 13,15b-16 erhöht; siehe The Rape of Tamar, S. 82-83. *Fokkelman* stimmt dem zu; siehe King David, S. 108. Aber die Auslassung der Anrede im Hebräischen paßt zu der beschädigten Symmetrie, die die ganze Einheit charakterisiert. Wieder einmal stört die Vergewaltigung Form und Inhalt, so wie es die Charaktere verändert.

44. Man beachte die Abwesenheit von Tamars Namen in der Einleitung zu ihren Worten. »Sie aber sprach zu ihm« (13,16) steht im Kontrast zu »Und Amnon sagte zu ihr« (13,15c). Siehe Kommentare oben zu 13,12-13.

45. Wenn ich Tamar eine weise Frau ('iššâ hăkāmâ) nenne, verwende ich eine Terminologie, die nicht im Text enthalten ist, aber die Bezeichnung paßt. Tamar spricht mit der Autorität, die sie gewohnt ist, sie redet vernünftig mit Amnon und gibt ihm einen guten Rat. Ihr Gebrauch des Wortes *Tor* (nbl) ist charakteristisch für »weises Reden« (13,12-13). Vgl. *Claudia V. Camp*, The Wise Women of 2 Samuel: A Role Model for Women in Early Israel? CBQ 43 (1981), S. 14-29.

46. Vielleicht kompensiert diese Erweiterung den fehlenden Teil in dem unvollkommenen Chiasmus, wo c' und b' ineinander übergehen (13,15c-16). Man beachte, daß die andere Einleitung, die *Ridout* erkennt, den Befehl (13,17) von seiner Ausführung (13,18b) trennt. Außerdem würde, wenn man 13,18-19a als eine Einheit sähe, die Handlung innerhalb von Amnons Haus (13,18) mit der Handlung außerhalb (13,19) vermischt und die Einheit von 13,19-20 übersehen. Siehe: The Rape of Tamar, S. 81.

47. *Fokkelman* stellt fest, daß »die Diener und Tamar ein chiastisches Muster der Bewegung (13,8-9 und 13,17-18) um das Zentrum herum bilden, um das schreckliche tête-à-tête von Amnon und Tamar in Vers 10-16«; siehe King David, S. 102.

48. Z. B. ASV, RSV, NEB und NJV; (vgl. auch Luth, Zür, Buber).

49. Erst hier kommt das Wort *Tochter* (bat) in der Geschichte vor. Man beachte, daß es hier im allgemeinen, nicht speziellen, Sinne gebraucht wird. Zu dem Problem des wörtlichen Textes in diesem Vers (hebr. mĕ'îlîm), siehe *Driver*, Notes on the Hebrew Text, S. 299-300; *Gunn*, The Story of King David, S. 32-33.

50. Strukturell kombiniert diese Einheit Chiasmus und Alternation; siehe *H. Van Dyke Parunak*, Oral Typesetting: Some Uses of Biblical Structure, Biblica 62 (1981), S. 153-68.

51. Zu der Kunstform dieses Satzes, siehe *Fokkelman*, King David, S. 109-10.

52. Siehe *Conroy*, Absalom Absalom! S. 34.
53. Vgl. Est 4,1 und 2 Kön 5,8.
54. *Conroy* erkennt diese Möglichkeiten nicht an. Vorschnell beschreibt er Abschaloms Worte als »Trost«, der einen »sanften Befehl« und ein »mildes Verbot« enthält, um einen »Ton der Zärtlichkeit zu vermitteln«. Siehe Absalom Absalom! S. 34-35.
55. An anderen Stellen der Schrift ist der Imperativ »schweig still« (ḥrš, Hiphil) eine Warnung (Ri 18,19), oder der Sprecher wünscht, gehört zu werden (Ijob 13,13; Jes 41,1). *Fokkelman* interpretiert diesen Befehl juristisch: »Engagiere dich selbst nicht aktiv in dieser Angelegenheit«; siehe King David, S. 110-11. In ähnlicher Weise: vgl. *J. Hoftijzer*, Absalom and Tamar: A Case of Fratriarchy? in: Schriften uitleg: W. H. Gispen Festschrift, hg. von *Dirk Attema* et al., Kampen 1970, S. 60 Anm. 18.
56. Während Amnons Macht hinter der verriegelten Tür abnimmt, nimmt Abschaloms Einfluß in der Öffentlichkeit zu. Siehe das Nachspiel zu dieser Geschichte, das zu Abschaloms Herausforderung an David wegen des Throns führt (13,23-15,18).
57. Die Wiederholungen der Wendung »Haus (byt) . . . Bruders (ʼḥ)« in 13,7,8 und 20c akzentuieren den Gegensatz zwischen den Brüdern noch mehr. Über die konzentrische Struktur des Raumes, umgeben von dem Wort *Haus*, siehe *Fokkelman*, King David, S. 102-3.
58. Siehe auch Jes. 54,1. Das Verb šmm wird oft auf ein Land angewendet, das geplündert, geschändet und zerstört wird (z. B. Jes 49,8; Ez 33,28). Gänzlich unangemessen ist hier die Übersetzung »einsam und trauernd« (2 Sam 13,20c in der Guten-Nachricht-Bibel).
59. Siehe *Fokkelman*, King David, S. 111-12, der sich *Bar-Efrat* anschließt. Vgl. auch die kreisförmige Komposition von 13,1,2,15a.
60. Durch eine geschickte Verwendung des Vokabulars verbindet der eröffnende Nebensatz den Herrscher mit jedem seiner beiden Söhne: »und als König David von diesen Taten hörte, . . .«. Das Wort *hören* (šmʼ) erinnert an Amnons Weigerung, auf Tamar zu hören (13,14,16), und das Objekt *Taten* (dbr) greift Abschaloms Anspielung auf die Vergewaltigung auf (13,20). Im Vater konkurrieren die Söhne miteinander. Jedoch die Episode als Ganzes löst die Spannung so, daß David Abschaloms Gegenspieler wird und sich mit Amnon identifiziert.
61. Siehe *Mc Carter*, Plots, True or False, S. 366, bes. Anm. 20.
62. Amnons Schändung Tamars erinnert an Davids Ehebruch mit Batseba (2 Sam 11); Vater und Sohn haben sich in eine sinnliche Sünde verstrickt. Für einen Vergleich dieser Ereignisse, siehe *Gunn*, The Story

of King David, S. 98-100; siehe auch *Kenneth R. R. Gros Louis,* The Difficulty of Ruling Well: King David of Israel, in: Semeia 8, hg. von *Robert W. Funk,* Missoula, Mont. 1977, S. 30.

63. Vgl. die Vergewaltigungen der Nebenfrau und anderer »in jenen Tagen, als es in Israel keinen König gab« (Ri 19-21); siehe Kap. 3 unten.

64. *Fokkelman* zeigt die konzentrische Anordnung, die im Hebräischen durch die Wurzel dbr gebildet wird und die die beiden Male umfaßt, wo das Paar Abschalom/Amnon als Subjekt und Objekt vorkommen; siehe King David, S. 112. Durch Ausschließung hebt diese Anordnung die Schändung Tamars besonders hervor; sie bekommt die Endbetonung des Satzes. Über Endbetonung, siehe *Axel Olrik,* Epic Laws of Folk Narrative, in The Study of Folklore, hg. von *Alan Dundas,* Englewood Cliffs, N. J. 1965, S. 136-37. Zu der Übersetzung »aber (kî) Abschalom haßte Amnon . . .« siehe *Hoftijzer,* Absalom and Tamar: A Case of Fratriarchy?, S. 55-56.

65. Über die Bedeutung der expliziten Bemerkung des Erzählers über das Schweigen, siehe *Alter,* The Art of Biblical Narrative, S. 79. Andere interpretieren den Ausdruck »redete nicht . . . weder Böses noch Gutes« so, daß a) keine juristische Handlung folgt *(W. Malcolm Clark,* A Legal Background to the Yahwist's Use of ›Good and Evil‹ in Genesis 2-3, JBL 88 (1969), S. 269); b) daß keine feindselige Behandlung folgt *(Fokkelman,* King David, S. 112).

66. Vor dem Verbrechen kommt *Begehren* zweimal vor (13,1,4). Bei dem Verbrechen erscheint *Begehren* zweimal, hier in Parallele zum *Haß;* Das Wort *Haß* selbst kommt viermal vor (13,15a). Jedes Mal ist Amnon das Subjekt des Verbs und Tamar das Objekt, und die beiden Wörter Begehren und Haß erscheinen gleich oft. Nach dem Verbrechen jedoch tritt Begehren nicht mehr auf, aber der *Haß* bleibt, wobei Abschalom das Objekt ist (13,22). Insgesamt überflügelt Haß (fünf Vorkommen) das Begehren (vier Vorkommen). Befriedigte Lust wird zu noch größerem Haß.

67. Wie einige Kommentatoren bemerken (z. B. *Hertzberg,* I & II Samuel, S. 326), ist Abschalom vielleicht auch von einem Verlangen nach dem Thron motiviert. Diese Interpretation geht aber extrinsisch an die Geschichte heran; siehe *Conroy,* Absalom Absalom! S. 36, Anm. 75.

68. Über die thematischen Zusammenhänge zwischen der Geschichte und dem sie umgebenden Text, siehe *Hertzberg,* I & II Samuel, S. 322, 326-28; *Whybray,* The Successsion Narrative, S. 22; *Long,* Wounded Beginnings, S. 27,30-34. Über literarische Zusammenhänge, siehe *Gunn,* The Story of King David, S. 98-100; *Flanagan,* Court History or

Succession Document? S. 180; *Gros Louis,* The Difficulty of Ruling Well, S. 15-33; *Fokkelman,* King David, S. 101, 114-25. Zu Abschaloms Geschichte, siehe *Zvi Adar,* The Biblical Narrative, Jerusalem 1959, S. 142-97; *Jacob Licht,* Storytelling in the Bible, Jerusalem 1978, S. 12-13; 41-48.

69. Siehe *Hagan,* Deception as Motif and Theme, S. 310-11.

70. Als Abschalom Amnon ermorden läßt, ist er ein Spiegelbild Davids, der Urija in den Tod schickte (2 Sam 11,6-21). Der Vater lebt im Sohn weiter.

71. Siehe *Hoftijzer,* Absalom and Tamar: A Case of Fratriarchy? S. 55-61.

72. Der Hinweis auf Davids Trauern »um seinen Sohn« kann sehr wohl auf Amnon bezogen werden, der gerade ermordet worden ist, unmittelbar vorher genannt wird jedoch Abschalom (13,37)

73. Ein moderner Roman nach dieser Geschichte ist *Dan Jacobson,* The Rape of Tamar, Middlesex, England 1973.

74. Siehe *Whybray,* The Succession Narrative, S. 65-66; vgl. *James L. Crenshaw,* Old Testament Wisdom, Atlanta 1981, S. 27-36.

75. Einen Titel für die weibliche Personifikation der Weisheit zu finden, ist schwer. Eine solche Bezeichnung, wie »Dame Weisheit« macht aber deutlich, wie elitär diese Figur in den Sprüchen dargestellt wird. Aus feministischer Perspektive ist diese Schilderung ambivalent. Wenn diese Texte auch anscheinend die Frau ehren, so ist die Weisheit doch eine Frau auf einem Sockel, die benutzt wird, um Männer anzuziehen.

76. Siehe *William McKane,* Proverbs, Philadelphia 1970, S. 284-87 und passim; *Crenshaw,* Old Testament Wisdom, S. 96-99.

77. Siehe McKane, Proverbs, S. 334.

78. Wenn ich diesen Vers aus den Sprüchen heranziehe, so will ich damit nicht andeuten, daß absichtliche Beziehungen zwischen ihm und unserer Geschichte bestehen, wie es z.B. *Whybray* tut, The Succession Narrative, S. 71-75, 78-95. Vgl. J.L. *Crenshaw,* Method in Determining Wisdom Influence upon ›Historical‹ Literature, JBL 88 (1969), S. 137-40.

3. Eine unbekannte Frau

Namenlos und ein Opfer von zügelloser Gewalt

Ihr Leib wurde zerbrochen
und dahingegeben für viele.

Richter 19,1-30

Verrat, Vergewaltigung, Folter, Mord und Zerstückelung einer namenlosen Frau: Das ist eine Geschichte, die wir gern vergessen würden, von der wir aber sprechen müssen. Sie beschreibt die Schrecken von männlicher Gewalt, Brutalität und Überlegenheit; und sie erzählt von Hilflosigkeit, Schändung und Vernichtung einer Frau. Wenn wir diese Geschichte hören, so heißt das, daß wir uns in eine Welt unendlichen Schreckens begeben, dem wir nicht aus dem Wege gehen können.

Diese Geschichte steht am Ende des Buches der Richter[1] und schildert eine Zeit, in der es keine Führer gab, Gott nur selten erschien und Chaos unter den israelitischen Stämmen herrschte. Wiederholt charakterisiert der deutoronomische Redakteur diese Zeit mit den anklagenden Worten: »In jenen Tagen gab es keinen König in Israel.«[2] Dieser Mangel erklärt die Zustände, daß nämlich »‰edermann ('îš) tat, was in seinen eigenen Augen gut war«.[3] Anarchie bringt Gewalt und Rache hervor, wie man es in den Geschichten über den Stamm Benjamin ja zur Genüge sieht (Kap. 19-21).[4]

Von den drei überlieferten Geschichten des Stammes Benjamin[5] zieht die erste unsere Aufmerksamkeit auf sich.[6] In dem Entwurf umrahmen Einleitung (19,1-2) und Schluß (19,29-30) zwei Szenen (19,3-10 und 19,15b-28), die von einem Zwischenspiel unterbrochen werden (19,11-15a). Israel bildet den umfassenderen Hintergrund, vor dem sich die Handlung geographisch im Kreise bewegt und im Gebirge Efraim beginnt und endet. Betlehem in Juda ist der Ort, an dem die erste Szene spielt, und Gibea ist der Schauplatz der zweiten. Das Zwischenspiel, das sich auf Jebus konzentriert, überbrückt den Abstand zwischen beiden. Inhaltlich sind die zwei Szenen Studien über Gastfreundschaft. Die erste beschreibt ein Familientreffen und

die zweite den Empfang in einer Ortschaft. Der häufige Gebrauch des Wortes Haus (byt) unterstreicht ihr gemeinsames Thema. Im Gegensatz dazu kommt das Wort im Zwischenspiel nicht vor, denn Jebus ist eine fremde Stadt.
Das Ensemble besteht vorwiegend aus Männern: einem Leviten, seinem Knecht (n'r),[7] einem Vater, einem alten Mann und einer Gruppe von Männern. Von den zwei Frauen hat nur die Nebenfrau eine zentrale Stellung; eine jungfräuliche Tochter wird nur nebenbei erwähnt. All diese Personen sind namenlos. Die Männer sprechen zwar, selbst der Knecht, aber die Frauen sagen nichts. Die meisten Gestalten treten nur hier und da auf, aber jede trägt etwas zu dem Gesamtthema eines turbulenten Lebens bei, das sich umständlich auf einen gewaltsamen Tod zubewegt. Der Weg dorthin ist kurvenreich und quälend. Unsere Aufgabe ist es, uns an der Seite der Nebenfrau auf die Reise zu begeben und ihr Gefährte zu sein in einem literarischen und hermeneutischen Unternehmen.

Flucht

Einleitung. Richter 19,1-2

Zu Anfang führt der Erzähler die beiden wichtigsten Figuren ein, die einander in Geschlecht, Status und Geographie entgegengesetzt sind: »Ein Mann, ein Levit, als Fremdling wohnend weit hinten im Gebirge Efraim« steht »einer Frau, einer Nebenfrau aus Betlehem in Juda« gegenüber (19,1). Strukturell stehen diese Beschreibungen in Einklang miteinander. Mann ('îš) und Frau ('iššâ) sind einander entsprechende Bezeichnungen. Das entfernte und nicht näher bezeichnete Gebirge Efraim im Norden hält der zugänglichen und bekannten Stadt Betlehem im Süden die Waage. In ähnlicher Weise entsprechen sich auch die mittleren Termini, Levit und Nebenfrau. Jedoch ihre Bedeutungen konfrontieren uns mit einer auffälligen Dissonanz. Ein Levit hat eine angesehene Stellung in der Gesellschaft, die ihn über andere Männer emporhebt;[8] eine Nebenfrau hat einen geringgeachteten Status, der sie unter andere Frauen herabdrückt. Rechtlich und gesellschaftlich ist sie einer Ehefrau nicht gleichgestellt; sie ist praktisch eine Sklavin, die sich ein Mann für seine eigenen Zwecke hält.[9] Grammatik und Syntax dieses Eröffnungssatzes zeigen schon die Ungleichheit. »Ein Mann, ein Levit, der weit hinten im Gebirge Efraim wohnte, nahm sich eine Frau, eine Nebenfrau aus Betlehem in Juda.« Er ist das Subjekt, sie das Objekt. Er beherrscht sie. Wie er sie erwarb, wissen wir nicht; daß er sie besitzt, ist sicher.

Was für eine Überraschung ist es dann, wenn man den nächsten Satz liest, in dem Subjekt und Objekt vertauscht werden. Die niedere Nebenfrau handelt (19,2). Vielleicht erklärt ihre unerwartete Initiative die Verwirrung über ihre Verhalten. Zwei Textüberlieferungen sind uns erhalten geblieben.[10] Die hebräische und die syrische Handschrift behaupten, daß »seine Nebenfrau sich wie eine Prostituierte aufführte«, während die griechische und altlateinische sagen, daß »seine Nebenfrau sich über ihn ärgerte«. Es geht um die Frage, wer von den beiden der Beleidigte ist. War sie ihm untreu, oder verärgerte er sie? Die alten Manuskripte geben widersprüchliche Antworten; die Geschichte selbst läßt beide Lesarten zu. Alle Versionen stimmen aber darin überein, daß die zweite Handlung der Nebenfrau die ist, daß sie von dem Leviten davonlief zu »ihres Vaters Haus nach Betlehem in Juda und dort vier Monate lang war« (19,2; vgl. 19,3b). Indem sie in ihre Heimat zurückkehrt, vergrößert die Frau die Distanz zwischen sich und ihrem Herrn.[11] Sie wird zwar seine Nebenfrau genannt, aber sie verläßt ihn.[12] Ihre Handlung, ihr Nach-Hause-Gehen, führt eine dritte Figur ein, die einen weiteren Gegensatz mit sich bringt. Der Vater steht dem Herrn gegenüber mit der Tochter/Nebenfrau in der Mitte. Die Auflösung dieser Spannung erwarten wir von Szene 1.

Verfolgung und Vernachlässigung

Szene 1. Richter 19,3-10

Diese Szene umfaßt drei Episoden: die Reise des Herrn nach Betlehem (19,3abc), den Besuch im Hause des Vaters (19,3 d-9) und die Abreise (19,10).[13]

A. *1. Episode. 19,3 abc.* Als »sie von ihm ging« (hlk; 19,2), »ging er ihr nach« (hlk; 19,3). Wir wissen nicht, warum er ihr folgte. »Er zog ihr nach«, sagt das Hebräische, »um zu ihrem Herzen (lēb) zu sprechen und sie zurückzubringen.«[14] Der Ausdruck »zu ihrem Herzen sprechen« beinhaltet Beruhigung, Trost, Anhänglichkeit und Liebe. In anderen Abschnitten, wo diese Wendung die Handlung eines Mannes gegenüber einer Frau beschreibt, ist sie entweder die Beleidigte oder die Schuldige. Zum Beispiel fühlte sich Schechem, nachdem er Dina, die Tochter Leas und Jakobs, geschändet hatte, zu ihr hingezogen: »Er hatte das Mädchen lieb und redete zu ihrem Herzen« (Gen 34,3). Und in der Prophetie des Hosea verspricht Jahwe, der treue Liebende, seine treulose Braut zurückzugewinnen, indem er sie in die Wüste führt und »zu ihrem Herzen spricht« (Hos 2,14 [16]). Somit weist das Reden des Leviten zu dem Herzen der Nebenfrau auf seine Liebe zu ihr hin, ohne daß die Schuld im einzelnen angegeben würde. Der Erzähler tadelt keinen für das Weggehen der Nebenfrau. Außerdem schildert er den Herrn sympathisch. Ob die Frau nun schuldig oder unschuldig ist, der Herr sucht Versöhnung. Begleitet von seinem Knecht und einigen Eseln, reist er »zu ihres Vaters Haus« (19,3b). Der Ausdruck »zu ihres Vaters Haus« am Ende dieser Episode kam auch schon am Ende der Einleitung vor (19,2). Diese Wortwahl ist vielsagend, weil die Gastfreundschaft des Schwiegervaters, und nicht so sehr die Begegnung des Leviten mit seiner Nebenfrau, die zweite Episode beherrscht.

B. 2. *Episode. 19,3d-9.* Zeitperioden von abnehmender Länge kennzeichnen den Besuch des Herrn in Betlehem: drei Tage, nochmals ein Tag und eine Nacht, und ein letzter Tag. In jeder von ihnen dominiert der Schwiegervater, allerdings mit immer geringer werdendem Einfluß. Als er aufhört, die Handlung zu bestimmen, endet der Besuch. Es ist auffallend, daß, je kürzer die Perioden werden, die Berichterstattung immer länger wird, so daß, je näher der Aufbruch heranrückt, die Verzögerung um so mehr Zeit in Anspruch nimmt.[15] Die erzählerische Ausweitung entspricht der immer größer werdenden Spannung. Dieses Muster nimmt Szene 2 vorweg, das Zentrum des Schreckens, in dem eine ganz kurze Zeitperiode die längste Erzählung und die größte Spannung hervorbringt.

Der Vater begrüßt den Herrn mit Freuden. Als diese zwei sich zusammenfinden, verblaßt die Erscheinung der Frau, die sie zusammengeführt hatte. O ja, diese Version orientalischer Gastfreundschaft ist ein Beispiel dafür, wie Männer sich zusammentun!

Und sein Schwiegervater, der Vater der jungen Frau,
veranlaßte ihn zu bleiben;[16]
und er blieb bei ihm drei Tage lang;
so aßen und tranken sie und verbrachten dort die Nacht.[17]
Am vierten Tag standen sie früh am Morgen auf,
und er erhob sich, um zu gehen. (19,4-5a)

Der Übergang vom Plural zum Singular, von *sie* (Plural) zum *er*, zeigt, daß die Frau bei keinem der Verben mitgezählt wird. Die beiden Männer standen auf, und einer schickte sich an fortzugehen. An diesem Punkt gibt eine direkte Rede dem Wunsch des Vaters Ausdruck. Zu dem Herrn, der gekommen war, um zu dem Herzen seiner Nebenfrau zu sprechen (19,3a), sagt der Vater: »Labe dich zuvor mit einem Bissen Brot, danach könnt ihr ziehen« (19,5b;Luth).[18] Die Pluralform des Verbs »könnt ihr gehen« steht im Gegensatz zu dem Imperativ im Singular »labe dich«. Wenn dieser Plural die Frau mit einschließt, zusammen mit dem Knecht und den Eseln, so läßt die folgende Handlung sie eindeutig aus. »Und sie setzten sich und aßen beide miteinander und tranken« (19,6;Luth). Weder Essen noch Trinken noch Gesellschaft werden der Frau zugesprochen, nur die Männer genießen das alles. Und weiter: Nachdem der Vater der jungen Frau den Entschluß des Herrn durch seine großzügige Gastfreundschaft ins Wanken gebracht hat, versucht er noch einmal, ihn zurückzuhalten. »Bleib doch über Nacht und laß dein Herz guter Dinge sein« (19,6;Luth). Er trifft zwar zuerst auf Widerstand, dann aber hat der Vater Erfolg; der Herr »saß und verbrachte die Nacht« (19,7). Somit endet der vierte Tag genauso wie die drei ersten (19,4).
In der letzten Zeitperiode dieses Besuchs ersetzen zwei Reden des Vaters von zunehmender Länge den Bericht des Erzählers (19,8-9). Während Ähnlichkeiten mit den vorhergehenden Perioden noch festzustellen sind, kommen doch auch bedeutsame Unterschiede zum Vorschein. Anders als am vorigen Tag, stehen die beiden

Männer nicht zusammen auf. »Und er [der Herr] stand früh am Morgen des fünften Tages auf, um zu gehen« (19,8a). Die Einigkeit zwischen den Männern beginnt auseinanderzubrechen. Nichtsdestoweniger hält der Schwiegervater seinen Gast zurück. »Labe dich doch«, bittet er (19,8b;Luth). Sein Ersuchen löst einen Streit aus, der fast den ganzen Tag andauert (19,8c).[19] Am Ende essen die beiden zusammen (19,8d) und schließen dabei wieder einmal die Frau aus (vgl. 19,6).

Unmittelbar danach erhebt sich der Herr, um aufzubrechen – nicht nur er, sondern auch seine Nebenfrau und der Knecht (19,9a). Daß der Erzähler die Nebenfrau und den Knecht ausdrücklich erwähnt, zeigt die Entschlossenheit des Herrn, und doch versucht der Vater es noch ein letztes Mal (19,9). Zweimal benutzt er das hebräische Wort *hinnēh*, das gewöhnlich mit »siehe« (amer. behold) übersetzt wird, um dem, was er sagt, Nachdruck zu verleihen.[20] Er spricht von der Gefahr einer Reise in der Nacht; er weist auf seine Gastfreundschaft hin, die den Herrn dazu bewegen könnte, zu bleiben;[21] und er verspricht einen frühen Aufbruch am nächsten Tag. »Morgen«, sagt er, »mögt ihr früh aufstehen und eures Weges ziehen zu deinem Zelt« (19,9e;Luth). Sicher legt dieser Hinweis auf das Zelt einen ungünstigen Vergleich mit »des Vaters Haus« und seiner üppigen Bewirtung nahe (19,2,3b). Es ist also Konkurrenz zwischen den beiden Männern an die Stelle der Einigkeit getreten. Aber die vielen Worte des Vaters können nicht überzeugen. Je mehr er spricht, desto weniger erreicht er. Im Gegenteil, der Herr, der nichts sagt, erweist sich als der Sieger.[22]

Der Machtkampf zwischen den beiden Männern beleuchtet die mißliche Lage der Frau, die sie zusammengebracht hat, die aber von ihnen und dem Erzähler völlig ignoriert wird. Im Unterschied zu ihrem Vater hat die Tochter keine Sprache; im Unterschied zu ihrem Herrn hat die Nebenfrau keine Macht. Eine Reise, die angetreten wurde, um »zu ihrem Herzen zu sprechen«, ist zu einem Besuch geworden, der die männlichen Herzen in Anspruch nahm, ohne daß ein Wort an die Frau gerichtet wurde. Die Absicht, mit der der Herr auszog, wurde aufgegeben, um Gastfreundschaft und Rivalität mit einem anderen Mann auszukosten. Die Frau leidet unter der Vernachlässigkeit.[23]

C. *3. Episode. 19,10.* Die dritte Episode wird der ersten gegenübergestellt, sie ist ähnlich in der Kürze, aber ganz anders im Inhalt. So, wie der Herr vorher nach Betlehem gereist war, bricht er nun wieder auf. Darauf bedacht, endlich fortzuziehen, riskiert er die Gefahren einer Reise gegen Abend. Der Erzähler stellt die Entfernung schnell her, indem er ihn in die Gegend »gegenüber von Jebus (das ist Jerusalem)« bringt (19,10a Zür).[24] Er hatte aber »ein Paar Esel und seine Nebenfrau und seinen Knecht bei sich« (19,10b; Zür). Nachdem er zuerst mit nur zwei Besitztümern, seinem Knecht und einem Paar Eseln, in Betlehem angekommen war (19,3b), tritt der Herr bei Jebus mit dreien auf, wobei die Frau mit in dieselbe Kategorie eingeordnet wird. So schließt Szene 1.

Zwischenspiel: Weitere Vernachlässigung.

Richter 19,11-15a

Da die Rückreise spät angetreten wird, können die Reisenden sie nicht an einem Tag vollenden. Deshalb rückt die Erzählung ein Zwischenspiel ein, in dem eine Entscheidung gefällt wird. Es beginnt in der Nähe von Jebus (19,11a) und endet in Gibea (19,14-15a). Unterwegs findet ein Gespräch zwischen dem Knecht und seinem Herrn statt (19,11b-13).[25]

Der Knecht schlägt vor, die Nacht in Jebus zu verbringen (19,11), aber der Herr, der nun zum ersten Male spricht, weigert sich, weil es »eine Stadt von Fremden« ist, »die nicht zu den Israeliten gehören« (19,13;Zür). Er zieht es vor, noch nach Gibea oder vielleicht Rama weiterzueilen.[26] Seine Gründe sind zwar vernünftig, aber er kennt die schreckliche Ironie seiner Entscheidung ja auch noch nicht. In ihrem Gespräch ignorieren die beiden Männer die Frau. Sie fragen sie nicht, wo sie denn lieber bleiben möchte. Wenn der Knecht dem Herrn untertan ist, so ist sie beiden unterlegen. Ihr weibliches Geschlecht, nicht ihr Status als Dienerin, läßt sie machtlos sein. Wie die Esel gehört sie nur zu der Kategorie »sie«, die vom Wege abbiegen, »um hineinzukommen und in Gibea über Nacht zu bleiben!« (19,15;Zür). Die Bühne ist vorbereitet für Szene 2.

Szene 2. Richter 19,15b-28

In dem Bericht von dem Besuch des Herrn im Hause seines Schwiegervaters hatte die Erzählung in dem Maße an Länge zugenommen, wie die Spannung stieg. Diese Koordination von Länge und Konflikt warf einen Schatten voraus auf die Entwicklung der 2. Szene. Die Zeit, in der diese Szene spielt, ist eine einzige Nacht in Gibea, und doch übertrifft ihre Länge den gesamten Bericht von den fünf Tagen in Betlehem erheblich. Die Zahl der Mitwirkenden vergrößert sich, wenn auch der Herr noch vorherrscht. Ebenso wie die 1. Szene ist diese eine Studie über orientalische Gastfreundschaft. Sie entwickelt sich jedoch zu einer *saga* der Gewalt.[27] Zwei Episoden gliedern die Handlung. Die erste bewegt sich vom Marktplatz zu einem Haus in Gibea (19,15b-21), die zweite aus dem Haus hinaus und wieder zurück (19,22-28).

1. Episode. 19,15b-21

In dieser Episode umrahmt der erzählende Bericht (19,15b-17a und 19,21) ein Gespräch zwischen Männern (19,17b-20). Und der Dialog seinerseits wiederholt das Muster: zwei Reden des alten Mannes (19,17b und 19,20) umgeben die Worte des Herrn (19,18-19). Wesentlich für die Symmetrie der Episode ist das Wort *Haus* (byt). Es kommt einmal am Anfang vor (19,15b), einmal am Ende (19,21) und zweimal in der Mitte (19,18).[28] Es geht ganz betont um Gastfreundschaft. Der Herr kommt in die Stadt Gibea.[29]

Als er aber hineinkam, blieb er auf dem Platz der Stadt;
denn es war niemand, der sie die Nacht im Hause beherbergen wollte. (19,15b;Luth)

Nachdem er Jerusalem abgelehnt hatte, weil es eine »Stadt der Fremden« sei, findet der Herr keine Aufnahme bei den Leuten von Gibea. Die Stadt des eigenen Stammes wird zu einem fremden Ort. Darüber hinaus wird die Ironie noch erhöht durch die Einführung einer anderen Person, die hier auch nur vorübergehend wohnt.[30]

Und siehe (hinnēh), da kam ein alter Mann

von seiner Arbeit vom Felde am Abend;
der war auch vom Gebirge Efraim,
und ein Fremdling in Gibea,
aber die Leute des Ortes waren Benjaminiter. (19,16; Luth)

Ein Fremder in Benjamin, ja, einer aus der Gegend des Herrn, wird die Gastfreundschaft gewähren, die die Einheimischen nicht anbieten – damit wird die strikte Begrenztheit der Gastfreundschaft offenbar.

Als der alte Mann seine Augen aufhebt, sieht er den Wanderer auf dem Marktplatz. »Wo willst du hin (gehen, hlk)? Und wo kommst du her (bô')?« fragt er (19,17; Luth).[31] Ziel und Herkunft, nicht seine gegenwärtige Situation, werden erfragt, aber die Antwort des Herrn verbindet alle drei Dinge (19,18). Zuerst beschreibt er seine gegenwärtige Lage und bezieht dabei seine Reisebegleiter mit ein:

Wir reisen von Betlehem in Juda
zuhinterst ins Gebirge Efraim. (19,18a; Zür)

Als nächstes berichtet er über seine Herkunft und sein Ziel:

Von dort bin ich her.
Ich war nach Betlehem in Juda gezogen
und ich bin jetzt auf der Heimreise.[32] (19,18b; Zür)

Zuletzt kommt er wieder auf die Gegenwart zu sprechen, ohne dabei seine Reisegefährten zu erwähnen. »Niemand will *mich* ins Haus aufnehmen« (19,18c). Die Wortwahl ist verändert, auch wenn sie wie ein Echo auf den Bericht des Erzählers klingt (19,15b).[33] Der Herr fährt fort zu sprechen. Da er eine Unterkunft zum Übernachten braucht, versichert er dem alten Mann, daß die Reisenden ihm nicht zur Last fallen werden:

Auch Stroh und Futter ist da für unsere Esel;
und Brot und Wein für mich und deine Magd
und für den Knecht bei mir, deinen Diener.
Es fehlt an nichts. (19,19)

Spricht der Herr die Wahrheit, oder gibt er nur vor, Vorräte zu haben, um seine Aussichten auf eine Unterkunft für die Nacht zu verbessern? Zwei Wendungen, mit denen er sich beliebt machen will, erregen Verdacht. Er spricht von seiner Nebenfrau als dem Besitz des alten Mannes und bietet sie somit als Köder an; und er erniedrigt sich selbst oder die ganze Gesellschaft mit dem Ausdruck »dein(e) Diener«, um dem alten Mann zu schmeicheln.[34] Wie auch immer die Wahrheit aussehen mag, diese Erfindungen haben ihre Wirkung. Der Herr bekommt, was er will. Der alte Mann sagt:[35]

Friede sei mit dir.
Ich nur (raq) will für alles sorgen, was du brauchst.
Nur (raq) verbringe die Nacht nicht auf dem Platz! (19,20)

Am Schluß dieser Episode schwächt der Erzähler die Gefahr ab, von der er am Anfang sprach. »Es war niemand, der sie die Nacht im Hause beherbergen wollte« ('sp; 19,15b Luth) geht über in »so führte (bô') er ihn in sein Haus« (19,21a;Luth). Der Übergang von dem Plural *sie* zu dem Singular *ihn* ahmt die Wortwahl des Herrn nach (19,18c). Sie klingt aber auch wie eine Prophezeiung. Der Herr ist zwar sicher in dem Haus, aber die Frau ist es nicht. Vorläufig jedoch waschen die Reisenden ihre Füße, essen und trinken.[36] Der alte Mann gibt den Eseln Futter (19,21).[37] Gastfreundschaft herrscht vor. Jedoch die Sicherheit innerhalb des Hauses kann die Gefahr, die von draußen kommt, nicht unter Kontrolle halten.

B. 2. *Episode, 19,22-28.* Die zweite Episode der zweiten Szene beginnt in dem Haus, verlagert sich nach draußen und kehrt dann zurück. Diese drei Bewegungen bestimmen den Inhalt. Ein deutliches Kennzeichen ist das Spiel mit den Wörtern *Haus* (byt), *Tür* (dlt) und *Eingang* (ptḥ). Das Wort *Haus* setzt seine thematische Reise durch die Geschichte fort und erscheint nun auch in jedem der drei Abschnitte dieser Episode. Neu sind die Wörter *Tür* und *Eingang*, sie kommen einzeln im ersten und zweiten Abschnitt vor und zusammen im dritten. Als Symbol kennzeichnen die Tür und der Eingang die Grenze zwischen Gastfreundschaft und Feindseligkeit. Während dieser Nacht der Gewalttaten überschreitet nur die Frau diese Grenze; die Männer sorgen dafür, daß es so ist.
1. Innerhalb des Hauses, 19,22-25b. Strukturell umrahmt der erzählende Teil die direkte Rede. Der erste Abschnitt beginnt mit einer

Gesellschaft. Im Hause war »ihr Herz nun guter Dinge« (yṭb; 19,22), Eine Redewendung, die an die Tage der Gastfreundschaft in Betlehem erinnert, als der Vater des Mädchens den Herrn drängte: »Laß dein Herz guter Dinge sein« (yṭb; 19,6,9). Andererseits erinnert sie auch an das Motiv des Herrn, nach Betlehem zu gehen, um nämlich »zu dem Herzen der Nebenfrau zu sprechen« (19,3). Bisher hat er in der Geschichte aber überhaupt noch nicht mit ihr gesprochen. Statt dessen hat er seine Aufmerksamkeit anderen Männern zugewandt: seinem Schwiegervater, seinem Knecht und nun dem alten Mann aus seiner Heimat.
Mitten in diese festliche Gelegenheit

da (hinnēh) kamen die Leute der Stadt,
ruchlose Männer,
und umstellten das Haus und pochten an die Tür;
und sie sprachen zu dem alten Mann, dem Hauswirt: (19,22; Luth)

Gefahr klopft an die Tür der Fröhlichkeit. Die ausführliche Beschreibung der beiden Gruppen läßt ihre Auseinandersetzung schon ahnen. Die Männer von Gibea sind »ruchlose Männer«;[38] der alte Mann ist der »Hausherr« (ba'al). Männliche Macht steht männlicher Macht gegenüber. »Bring den Mann heraus, der in dein Haus kam, daß wir ihn erkennen« (19,22e). Der Ausdruck »ihn erkennen« mag zwar mehrdeutig sein,[39] auf den Lippen der ruchlosen Männer bedeutet er aber das Schlimmste. Sie wollen dem Gast sexuelle Gewalt antun. Der Mann, der Herr des Hauses, antwortet mit Entschiedenheit:[40] »Nein, meine Brüder!« Die Anrede ist ironisch, vielleicht soll sie sie besänftigen. Dann fährt er fort und legt dabei um seinen männlichen Gast einen Kreis von schützenden Verboten:

Tut doch nicht solch ein Unrecht!
Nachdem dieser Mann in mein Haus gekommen ist,
tut nicht solch eine Schandtat (nĕbālāh).[41] (19,23; Luth)

Aber der Hausherr kann mehr tun als nur verbieten. Er kann eine Alternative anbieten. Als Gegengewicht zu den Verboten gibt er ihnen nun eine Erlaubnis. Er betont das Positive noch, indem er seinen Vorschlag mit dem emphatischen hebräischen Wort *hinnēh* einleitet: »Siehe, ich habe eine Tochter, noch eine Jungfrau, und dieser hat eine Nebenfrau!« (19,24; Luth). Zwei weibliche Objekte bietet er an, um einen Mann vor einer Gruppe ruchloser »Brüder« zu beschützen. Eine von diesen Frauen ist Bein von seinem Bein und Fleisch von seinem Fleisch, seine eigene Tochter. Die andere gehört seinem Gast. Außerdem können diese beiden Frauen die ganze Skala heterosexuelle Wünsche befriedigen. Die eine ist Jungfrau, und die andere ist reif und erfahren. Beide werden der Begierde ruchloser Männer zur Verfügung gestellt. Tatsächlich will der Hausherr ihnen diese Frauen selbst übergeben. »Die will ich euch hinausbringen«, bietet er an.[42] Der männliche Beschützer wird zum Kuppler. So, wie er zwei negative Imperative benutzt hat, um seinen männlichen Gast zu schützen, verwendet er nun zwei positive Aufforderungen, um seine weiblichen Gefangenen in Gefahr zu bringen:

Schändet sie
und tut mit ihnen, was gut ist in euren Augen (19,24)

Keinerlei Einschränkungen macht der Hausherr bei dem, was sie mit den Frauen tun können. Statt dessen gibt er den ruchlosen Männern die Erlaubnis, sie zu vergewaltigen. Seine abschließenden Worte betonen noch einmal, worum es ihm vor allem geht: »Aber an diesem Mann tut nicht eine solche Schandtat« (nĕbālāh; 19,24). An einem Manne verübt, ist solch eine Handlungsweise eine Schandtat, an Frauen verübt, ist sie das, was »gut ist« in den Augen von Männern.[43] So vermittelt der alte Mann zwischen den beiden Gruppen von Männern, um jeder Seite das zu geben, was sie wünscht. Kein Mann soll verletzt werden. Allen Männern, auch den bösen, sollen ihre Wünsche erfüllt werden. Ein Konflikt zwischen ihnen kann durch die Opferung von Frauen gelöst werden.
Denen, die mit den Traditionen des alten Israel vertraut sind, kommen dabei schreckliche Erinnerungen hoch. Einst kamen zwei Boten nach Sodom, um Lot zu besuchen, der, ähnlich wie unser alter Mann, kein Einheimischer, sondern ein Fremdling war (Gen 19, 1-29).[44] Lot überredete diese Fremden, in sein Haus zu kommen.[45] Ein Festessen folgte, und dann schickte man sich an, ins Bett zu gehen. In dem Moment umzingelten die Männer von Sodom, junge und alte, das Haus. Während die ruchlosen Männer von Gibea nur einen Teil der männlichen Stadtbevölkerung vertreten, verlangten alle

Männer von Sodom, daß Lot ihnen seine Gäste herausgebe, »daß wir sie erkennen« (Gen 19,5).

Geradeso, wie der alte Efraimiter hinausgeht, um mit denen zu reden, die an seine Tür pochen (Ri 19,23), ging Lot hinaus, um mit den Männern zu sprechen (Gen 19,6). Die Worte der Hauswirte sind praktisch die gleichen. Lot bat: »Ach, liebe Brüder, tut nicht so übel« (Gen 19,7; Luth). Dann bot er eine Alternative an: »Siehe (hinnēh), ich habe zwei Töchter, die wissen noch von keinem Manne« (Gen 19,8; vgl. Ri 19,24). Wenn der alte Mann eine Jungfrau anbieten kann, die sein eigen Fleisch und Blut ist, so konnte Lot zwei versprechen. Und ebenso wie der alte Mann wollte Lot, der Vater, seine Töchter selbst weggeben. »Die will ich herausgeben unter euch«, sagte er (Gen 19,8; Luth). Und darauf folgt dann eine positive Anweisung, die ein Gegenstück zu seinem Verbot ist: »Tut mit ihnen, was euch gefällt.« Wieder einmal nimmt diese Sprache die Worte unseres alten Mannes vorweg. Auch unterstrich Lots abschließende Bemerkung, worum es vor allem ging. »Aber diesen Männern tut nichts, denn darum sind sie unter den Schatten meines Daches gekommen.« (Gen 19,8; Luth). Wie der alte Mann in Gibea versuchte Lot zwischen Männern zu vermitteln, indem er jeder Seite gab, was sie haben wollte. Kein Mann sollte verletzt werden. Allen Männern sollten ihre Wünsche erfüllt werden. Ein Konflikt zwischen ihnen konnte durch die Opferung von Frauen gelöst werden. Der männliche Beschützer, ja, der Vater, war zum Kuppler geworden.

Diese beiden Geschichten zeigen, daß die Regeln der Gastfreundschaft in Israel nur Männer schützten. Lot bewirtete zwar nur Männer, der alte Mann hat aber auch einen weiblichen Gast, und sie wird nicht durch die Gastfreundschaft geschützt. Sie wird als Opfer für männliche Begierde ausgewählt. Außerdem bietet in keiner dieser Geschichten der Gastgeber sich selbst anstelle seiner Gäste an. Gleichbleibend ist nur, daß unschuldige und hilflose Frauen dazu benutzt werden, Männer aller Art zu schützen und zu befriedigen. Allerdings wurde Lots Vorschlag abgelehnt, nicht aus Sorge um seine jungfräulichen Töchter, sondern weil die Männer der Stadt etwas dagegen hatten, daß ein Fremdling sich zum Schlichter einer Krise aufwerfen wollte (Gen 19,9). Ironischerweise ersparte der

Ärger von Männern gegen einen anderen Mann Lots Töchtern die Schrecken, für die er sie freiwillig angeboten hatte. In ähnlicher Weise berichtet unsere Geschichte, daß die Benjaminiter zuerst mit dem Vorschlag des alten Mannes unzufrieden waren. »Aber die Leute wollten nicht auf ihn hören.« (19,25a, Luth).[46] Dieses Mal jedoch verschont der Ärger der Männer die Frau nicht.

Nachdem die beiden Geschichten bisher in Kulisse, Vokabular und Motiven parallel liefen, gehen sie nun auseinander, wobei unsere um so verabscheuungswürdiger wird. Nichts hat uns auf die bevorstehenden Schrecken vorbereitet. Der Dialog kommt zu einem Ende, das Verhandeln hört auf, der alte Mann und seine jungfräuliche Tochter treten ab. Keiner wartet darauf, was die unzufriedenen Benjaminiter als nächstes verlangen könnten. Statt dessen folgt ein *non sequitur* dem Kommentar des Erzählers, der sagte, daß die Männer nicht auf den alten Mann hören wollten. »Da ergriff (ḥzq) der Mann«, das ist unser Herr, der Gast über Nacht, »seine Nebenfrau und stieß zu ihnen hinaus« (19,25b).[47] Er handelt so hastig, daß das Hebräische das direkte Objekt *sie* bei dem zweiten Verb ausläßt. Derjenige, den der Erzähler vorher so sympathisch dargestellt hatte, als er seine Nebenfrau suchte, »um zu ihrem Herzen zu sprechen«, liefert sie nun dem Feind aus, um sich selbst zu retten. Wahrlich, die Stunde ist gekommen, und die Frau wird überantwortet in die Hände der Sünder (vgl. Mk 14,41)! Am Ende dieses Abschnitts hat die Sicherheit innerhalb des Hauses gegenüber der Gefahr nachgeben müssen. Aber nur die Nebenfrau leidet unter der Niederlage. Keiner von denen, die drinnen sind, kommt ihr zu Hilfe. Sie haben sich alle in die Dunkelheit der Nacht zurückgezogen (Mk 14,26-42). »Und der Mann ergriff seine Nebenfrau und stieß zu ihnen hinaus.« Die Gefahr, die an die Tür der Fröhlichkeit klopfte, bekommt ihr Opfer.

2. *Außerhalb des Hauses, 19,25c-26.* Das Hinausstoßen (haḥûṣ) kennzeichnet den Übergang zu dem mittleren Abschnitt der Episode. Mit Hilfe des distanziert erzählenden Berichts entfaltet sich die Geschichte des Schreckens. Das Verbrechen selbst wird nur mit wenigen Worten erwähnt. Wenn der Erzähler weder Pornographie noch Sensationslust anspricht, so kümmert er sich aber auch herzlich wenig um das Schicksal der Frau. Die Kürze dieses Abschnitts

über die Vergewaltigung einer Frau steht in krassem Gegensatz zu dem weitschweifigen Bericht über das Zechgelage und die Beratungen, die dem Verbrechen vorangehen. Die eindringliche Aufmerksamkeit, mit der auf die Männer eingegangen wurde, intensiviert den Schrecken noch, dem die Frau nun ausgeliefert wird. Der Erzähler verwendet bei seinem Bericht von dem Verbrechen dasselbe Vokabular wie die ruchlosen Männer der Stadt, die den männlichen Gast erkennen wollten. »Und sie erkannten (yd') sie« (19,25c). In diesem Kontext wird ganz deutlich, was mit dem Wort »erkennen« gemeint ist. Es bedeutet Vergewaltigung, und es ist hier ein Verb, das rücksichtslose Mißhandlung ausdrückt. »Und sie vergewaltigten (yd') sie und quälten ('ll) sie die ganze Nacht bis zum Morgen« (19,25d).[48] Da die Verben in der 3. Person Plural stehen und auf die lange Zeitspanne hingewiesen wird, ist es sicher, daß das Verbrechen nicht aus einer einzelnen Tat, sondern aus vielfachen gewaltsamen Handlungen bestand. »Sie vergewaltigten sie und quälten sie die ganze Nacht bis zum Morgen.« Ein drittes Verb schließt ihre Aktion ab. »Und sie ließen sie gehen, als die Morgendämmerung heraufzog« (19,25e). Vergewaltigt, gequält und laufengelassen. Die Kürze des sprachlichen Ausdrucks enthüllt die Zügellosigkeit der Gewalt.
Es fällt auf, daß die nächste Handlung der Frau gehört.

Die Frau kam, als der Tag anbrach,
und fiel nieder am Eingang
des Hauses von dem Mann,
wo ihr Herr war, bis es hell wurde. (19,26)

Zum ersten Mal seit dem Beginn der Geschichte ist diese einsame Frau das Subjekt aktiver Verben, obwohl sie keine Kraft mehr zum Handeln hat. Sie ist nur noch das geschändete Eigentum des Herrn, der sie preisgegeben hat. Einst hatte sie diesen Mann verlassen, aber er hatte sie zurückgefordert – allerdings nur, um sie anderen Männern auszuliefern, als diese an die Tür (dlt) des Hauses pochten (19,22). Nun, da sie sie vergewaltigt und abgestoßen haben (19,25d), hat sie keine andere Wahl, als »am Eingang (ptḥ) des Hauses niederzufallen«. Ihr körperlicher Zustand ist Ausdruck ihrer geknechteten Position. Währenddessen ist ihr Herr drinnen

die ganze Nacht in Sicherheit gewesen. Der Morgen erst konfrontiert ihn mit der Grausamkeit, die er möglich gemacht hat.
Die Gegensätze zwischen Dunkelheit und Licht verschärfen die Ironie der Situation noch. Dem einen Ausdruck »die ganze Nacht« werden vier Hinweise auf den anbrechenden Tag gegenübergestellt. Dadurch erhalten sie einen besonderen Akzent.

Sie quälten sie die ganze Nacht bis zum Morgen. (19,25c)
Sie ließen sie gehen, als die Morgendämmerung heraufzog. (19,25d)
Die Frau kam, als der Tag anbrach,
und fiel nieder . . . bis es hell wurde. (19,26)*

Der Tagesanbruch enthüllt das Verbrechen und sein Nachspiel. Anstatt die Dunkelheit zu vertreiben, macht das Morgenlicht erst recht ihre erdrückende Gegenwart spürbar. Perverserweise führt die Entdeckung des Verbrechens zu weiterer Gewalttat gegen die Frau. Dafür ist nun ihr Herr allein verantwortlich. Die Männer haben die Nebenfrau die ganze Nacht vergewaltigt, er aber wird seine verabscheuungswürdige Tat »am Morgen« tun (19,27).
3. An der Haustür und auf dem Wege, 19,27-28. In dem letzten Abschnitt der Episode ist diese vernichtete Frau dem Willen ihres Herrn völlig ausgeliefert. Form und Inhalt zeigen seine Macht und ihre Ohnmacht. Vorwiegend erzählend, beginnt dieser Abschnitt mit dem Entschluß des Herrn aufzubrechen. Aber das Finden der Frau bedeutet eine Unterbrechung. Erst dann gibt es eine direkte Rede – von ihm, nicht von ihr. Am Ende setzt der Herr seinen Weg fort, nachdem er sie in seine Pläne eingepaßt hat. In kunstvoller Konstruktion wird dieser Teil auf Themen und Vokabular der vorhergehenden Abschnitte aufgebaut, während er durch die Stel-

* A.O./PTÜ:
They tortured her all night until the morning. *(19,25c)*
They let her go when the dawn came up. *(19,25d)*
The woman came at daybreak
and fell down at the doorway
of the house of the man
where her master was until light. *(19,26)*

lung der Verben *aufstehen* (qûm) und *gehen* (hlk) am Anfang, in der Mitte und am Ende seine eigene Gliederung erhält.

a) Entschluß

Nun stand der Herr am Morgen auf
und öffnete (ptḥ) die Tür (dlt) des Hauses (byt),
und er ging hinaus, um seines Wegs zu ziehen.

b) Unterbrechung

Aber siehe (hinnēh), da war die Frau, seine Nebenfrau,
hingefallen am Eingang (ptḥ) des Hauses (byt),
ihre Hände auf der Schwelle.
Und er sagte zu ihr:
»Steh auf, laß uns ziehen.«
Aber da war keine Antwort.

c) Fortsetzung des Weges

Da legte er sie auf den Esel,
und der Mann machte sich auf und zog an seinen Ort. (19,27-28)

Zu Beginn dieser Einheit wird mit dem Ausdruck »am Morgen« an Abschnitt 2 (19,25,26) angeknüpft. Die Wörter *Tür, Eingang* und *Haus* wiederholen Ausdrücke von Abschnitt 1 und 2. Durch den Gebrauch sowohl des Wortes *Tür* (dlt), das im ersten Abschnitt vorkam, als auch des Wortes *Eingang* (ptḥ) aus dem zweiten, unterstreicht der letzte Abschnitt die Grenze, die der Herr für sich bewahren konnte, während er seine Nebenfrau zwang, sie zu überschreiten.

»Nun stand der Herr am Morgen auf und öffnete die Tür des Hauses und ging hinaus, um seines Wegs zu ziehen.« Der Text liest sich so, als ob er vorhatte, allein aufzubrechen, ohne Rücksicht auf irgend jemand anderen. Und warum auch nicht? Durch Manipulation und Gewalt hat er alles bekommen, was er wollte, auch wenn alles, was er befürchtet hatte, in umgekehrter Weise eintrat. Er zog der Gefahr auf der nächtlichen Landstraße die Sicherheit in einer Stadt vor, fand sie dort aber nicht; er zog der Gefahr in einer fremden Stadt die

Sicherheit unter seinen eigenen Leuten vor, fand sie dort aber nicht; er zog der Gefahr auf dem offenen Platz die Sicherheit in einem Haus vor, fand sie dort aber nicht. Nichtsdestoweniger rettete er sich selbst durch einen Akt der Feigheit, durch den die Gefahr auf seine Nebenfrau abgewälzt wurde. Nun aber muß der Herr dem Opfer gegenübertreten.

»Siehe, da war die Frau, seine Nebenfrau, hingefallen am Eingang des Hauses, ihre Hände auf der Schwelle.« Das hebräische Wort *hinnēh* weist auf die Gegenwart der Frau hin. Die beiden Substantive »die Frau, seine Nebenfrau« bezeichnen ihre untergeordnete Stellung. Der Ausdruck »hingefallen am Eingang des Hauses« schildert ihren Schmerz und ihre Ohnmacht in dramatischer Weise, und das rührende Detail »ihre Hände auf der Schwelle« rundet das Bild des Elends ab.

Der Erzähler läßt die Frau zurückkehren an die Schwelle der Sicherheit, aber dann läßt er sie draußen. Ein ergreifendes Bild voll grausamer Ironie. Wird diese geschändete und dann liegengelassene Frau Mitleid oder Reue bei ihrem Herrn erwecken? Zwei hebräische Wörter geben die Antwort darauf. »Steh auf«, befiehlt er, indem er sie zum ersten und einzigen Mal anredet. »Laß uns ziehen!« Wo sind die Worte, die zu ihrem Herzen sprechen sollten? Sicherlich nicht hier. Nirgendwo in dieser Geschichte hat die Schilderung des Herrn auch nur im geringsten darauf hingewiesen, daß er die vom Erzähler beschriebene Absicht ausführte. Statt dessen zwingt er sie, sich nur nach seinen Plänen zu richten.

»›Steh auf und laß uns ziehen.‹ Aber da war keine Antwort.« Ist sie tot oder lebendig? Die griechische Bibel sagt, »denn sie war tot«, und macht damit die Benjaminiter nicht nur zu Vergewaltigern und Folterern, sondern auch zu Mördern. Der hebräische Text dagegen schweigt sich darüber aus und läßt somit die Interpretation zu, daß diese mißhandelte Frau noch lebt.[49] Gequält und verzweifelt, sagt sie nichts. Wie ein Lamm, das zur Schlachtbank geführt wird, und stumm wie ein Schaf vor seinen Scherern, öffnet sie ihren Mund nicht. »›Steh auf und laß uns ziehen.‹ Aber da war keine Antwort.« Ihr Schweigen, sei es aus Erschöpfung oder weil sie tot ist, hält den Herrn nicht im geringsten auf. Er führt aus, wozu er im Licht des Morgens aufgebrochen war.

Nachdem er sie auf seinen Esel gelegt hatte, »machte der Mann sich auf und zog an seinen Ort.« Mit keinem Wort wird die Reise beschrieben. Seine Mission ist beendet, wenn auch nicht so, wie der Erzähler es in Aussicht gestellt hatte.

Weitere Gewalttaten

Schluß. Richter 19,29-30

Mit ganz anderer Optik spielt der Schluß der Geschichte noch einmal auf die Einleitung an (19,1-2). So wie die Erzählung im Gebirge Efraim mit dem Leviten begann, sich dann aber mit der Nebenfrau fortbewegte zu ihres Vaters Haus nach Betlehem in Juda (19,1-2), so beginnen auch die abschließenden Verse im Haus des Herrn in Efraim (19,29abc) und bewegen sich dann mit der Nebenfrau in das ganze Land Israel (19,29d-30). Aber die Unterschiede zwischen dem Anfang und dem Ende sind schreckenerregend. Die lebende Nebenfrau, die einst ihren Herrn verließ, wird zum toten Objekt seiner entsetzlichen Gewalttat. Ihre Entfernung von ihm ist jetzt sein Aufruf zur Rache geworden.

Zu Hause angekommen,[50] verschwendet der Herr keine Zeit. In schneller Folge beschreiben vier Verben sein Tun: nahm, ergriff, zerschnitt und sandte. »Er nahm (lqḥ) das Messer« – nicht ein Messer, sondern *das* Messer (19,29a). Wie provozierend ist dieser Satz, er wiederholt ein Detail aus der Opferung Isaaks! »Abraham . . . nahm (lqḥ) das Messer« (Gen 22,10). In der ganzen Schrift haben nur diese beiden Geschichten genau dieses Vokabular gemeinsam. Aber Abraham nahm das Messer ausdrücklich, »um seinen Sohn zu schlachten«. Vielleicht kann gesagt werden, daß dies seine Absicht war, weil es eben nicht geschah; ein Engel verhinderte den Mord an Isaak. Auch der Herr »nahm das Messer«. Beabsichtigt er, seine Nebenfrau zu schlachten? Die griechische Bibel schließt zwar eine solche Möglichkeit aus, aber das Schweigen des hebräischen Textes läßt sie zu. Außerdem legt die einzigartige Parallele zu Abrahams Handeln sie nahe. Vielleicht wird, als er das Messer ergreift, die Absicht, sein Opfer zu erschlagen, hier nicht näher beschrieben, weil es tatsächlich geschieht. Der Erzähler schützt jedoch seinen Helden durch Mehrdeutigkeit.

»Er nahm das Messer, und er ergriff (ḥzq) seine Nebenfrau«. Geschändet, gequält und tot oder lebendig, ist diese Frau immer noch in der Gewalt ihres Herrn. Ihr zerschlagener Körper ruft noch schlimmere Brutalität bei ihm hervor. Kein Mittler tritt dazwischen, weder ein menschlicher noch ein göttlicher. Statt dessen behält das Messer, Symbol eines Schreckens, den der Glaube einst verhindert hatte, nun die Oberhand. Vorher hatte der Herr seine Nebenfrau ergriffen (ḥzq) und zu ihnen hinausgestoßen (19,23b); dieses Mal vollführt er die Gewalttat selbst. »Er zerschnitt (ntḥ) sie, Glied für Glied, in zwölf Stücke und sandte (šlḥ) sie in das ganze Gebiet Israels« (19,29c).[51] Ist der feige Betrüger auch der Mörder? Sicher ist, daß Trauer zu dem Manne nicht paßt; eine Beerdigung wird der Frau nicht zuteil.

Unter all den Gestalten in der Schrift ist sie die Geringste. Sie tritt am Anfang und Ende einer Geschichte auf, in der sie vergewaltigt wird; sie ist ganz allein in einer Welt von Männern. Weder die anderen Figuren noch der Erzähler erkennen ihr Menschsein an. Sie ist Besitz, Objekt, Werkzeug und eine literarische Idee. Sie ist ohne Namen, Sprache oder Einflußmöglichkeit, sie hat keine Freunde, die ihr im Leben helfen oder sie im Tod beweinen. Indem sie sie untereinander hin- und herschieben, haben die Männer Israels sie völlig ausgelöscht. Gefangen, betrogen, geschändet, gequält, ermordet, zerstückelt und verstreut, ist diese Frau diejenige, gegen die am meisten gesündigt worden ist.[52] Am Ende ist sie nichts besseres als die Ochsen, die Saul später in Stücke schneidet (ntḥ) und in das ganze Gebiet Israels schickt (šlḥ) als einen Aufruf zum Kriege (1 Sam 11,7).[53] Ihr Körper wurde zerschlagen und für viele dahingegeben. Ohnmächtiger erweist sich keine Frau als darin, daß ihr Leben von einem Manne geopfert wird.

Als die Teile des Körpers dieser namenlosen Frau im ganzen Lande Israel verstreut werden, werden die Leute von einem außerordentlichen Entsetzen ergriffen.[54] Nach der griechischen Bibel weist der Herr die Boten, die die Stücke überbringen sollen, an zu sagen: »So sollt ihr zu allen Männern Israels sprechen: ›Ist dergleichen je geschehen[55] seit der Zeit, da die Israeliten aus dem Lande Ägypten heraufgezogen sind, bis auf diesen Tag?‹« (19,30; Zür). Die hebräische Bibel dagegen läßt sowohl die Boten als auch die Botschaft aus, um Israel die Frage beantworten zu lassen, bevor sie überhaupt

gestellt wird. So liest man: »Wer das sah, der sprach: ›Solches ist nicht geschehen noch gesehen, seitdem Israel aus Ägyptenland gezogen ist, bis auf diesen Tag‹« (19,30; Luth; vgl RSV).[56]
Aber die Erklärung hat im Hebräischen eine Nuance, die von Übersetzungen nicht festgehalten werden kann. Die Verbformen und das Objekt sind alle weiblich. Das Hebräische hat kein Neutrum. Die weiblichen Formen können die Frau selbst herausstellen, nicht nur dieses abstrakte oder kollektive »dergleichen« oder »solches«, das geschehen ist. Wörtlich können wir übersetzen: »Und alle, die *sie* sahen, sagten: ›*Sie* ist nicht geschehen, und *sie* war nicht gesehen wie dieses, seitdem das Volk aus Ägyptenland heraufgezogen ist, bis auf diesen Tag.‹« Mit anderen Worten, die Mehrdeutigkeit der grammatischen Formen dient einer besonderen, erklärenden Hervorhebung: Die Frau, die das Opfer des Schreckens geworden ist, wird herausgestellt. Die Aufforderungen, die dann folgen, verstärken dieses Anliegen noch.
In beiden Versionen, der griechischen und der hebräischen, geben drei Imperative Anweisungen an Israel: denkt darüber nach, beratet und sprecht! Es fällt auf, daß der erste Befehl ein hebräisches Idiom ist: »Richtet euer Herz«, gefolgt von den Wörtern »auf sie«. Übersetzungen geben meist Lesarten wieder, wie »denkt darüber nach« (Luth; vgl. amer. »consider it« RSV), »überlegt es euch« (Zür; vgl. amer. »put your minds to this«, NJV) oder das beiläufige »nehmt es zur Kenntnis« (amer. »take note of it«, NAB). Dabei gehen sowohl das feminine Objekt als auch das Spiel mit der Metaphorik des Herzens verloren. Vor langer Zeit wollte der Mann zu dem Herzen der Frau sprechen, wenn er es auch nicht tat. Nun muß Israel ihr sein Herz zuwenden, beraten und sprechen. Der erste Akt der benjaminitischen Überlieferungen schließt mit einer Aufforderung, darauf zu reagieren.

Reaktionen auf die Geschichte

Von seiten der Stämme Israels. Akt 2 (Richter 20) und Akt 3 (Richter 21) geben eine unmittelbare Reaktion wieder. Alle Leute von Dan bis nach Beerscheba versammeln sich wie »ein Mann (ʾîš) . . .

vor dem Herrn in Mizpa«. Es ist klar, daß diese Reaktion überspannt sein wird. Selbst Gott, der in dem ganzen vorhergehenden Akt nicht anwesend war, nimmt teil, als vierhunderttausend Soldaten eine Erklärung von dem Leviten fordern.
Die Antwort des Leviten beginnt sehr direkt: »Ich kam nach Gibea in Benjamin mit meiner Nebenfrau, um da die Nacht zu bleiben. Da machten sich gegen mich auf die Bürger von Gibea und umstellten meinetwegen das Haus des Nachts« (20,4-7; Luth). Dann fährt der Herr mit einer Interpretation fort, die sich von den erklärten Absichten der Männer von Gibea unterscheidet: »Mich wollten sie töten.« Statt dessen hatten sie gefordert, ihn zu »erkennen«. Selbst wenn diese Auffassung des Leviten legitim ist, so verschleiern seine Worte doch die Wahrheit. »Mich wollten sie töten, und meine Nebenfrau haben sie geschändet, so daß sie gestorben ist.« Ganz und gar ausgelassen wird der Beitrag, den der Levit selbst dabei geleistet hat, als er sie ergriff und den Männern übergab. Durch das Verbrechen des Schweigens spricht er sich selbst frei. Außerdem verstärkt sein sorgfältig formuliertes Zugeständnis »sie ist gestorben«, statt »sie töteten sie«, den Verdacht, daß er sowohl ein Mörder als auch ein Verräter ist.[57] Von der Zerstückelung berichtet der Levit bereitwillig als von seiner eigenen Tat. »Da nahm ich meine Nebenfrau und zerstückelte sie und sandte die Stücke in das ganze Gebiet des Erbbesitzes von Israel, denn sie haben ein Verbrechen und eine Schandtat getan in Israel.« Es ist sicher, daß der Levit keine Strafe dafür befürchten muß, daß er den Körper der Frau verstümmelt hat. Diese Handlung ist ein allgemein anerkannter Aufruf zur Rache. Somit wendet sich der Zorn ganz Israels nun gegen die Benjaminiter. Es kommt zu schweren Ausschreitungen wegen des Schadens, der einem Mann an seinem Besitz zugefügt worden ist; dabei wird aber die Gewalttat gegen die Frau selbst völlig übersehen. Wieder einmal verschwindet der Levit aus der Geschichte, nachdem er bekommen hat, was er wollte.
Danach fordern die Stämme Israels, daß Benjamin ihnen die ruchlosen Männer von Gibea herausgebe, daß »wir sie töten und das Böse aus Israel austilgen« (20,13;Luth). Aber die Benjaminiter weigern sich, und die Schlacht beginnt.[58] Sehr detailliert beschreibt der Erzähler die Auseinandersetzung, welche unglaubliche Ausmaße

annimmt. Tausende und Abertausende von Männern nehmen daran teil. Auch Jahwe tritt mit ein in den Kampf gegen Benjamin. Nach zwei anfänglichen Niederlagen gewinnen die Stämme durch eine List. Überall gibt es ein Gemetzel. Über 25 000 Benjaminiter kommen an einem Tage um. Zuerst geht Gibea in Flammen auf, danach all die anderen Städte Benjamins. Nicht eine einzige Frau (21,16), kein Kind und kein Tier überlebt (20,48). Der Stamm Benjamin ist praktisch ausgelöscht, nur 600 Männer sind in die Wüste entkommen.

Dieses gigantische Ausmaß von Gewalttätigkeiten macht die Menschen aber nachdenklich. Die Sieger können sich nicht mit der Tatsache abfinden, daß »heute Israel um einen Stamm weniger geworden ist« (21,3;Luth). Um die Zahl wieder aufzufüllen, muß der Stamm Benjamin Frauen für die 600 überlebenden Männer haben. Ein Schwur macht das Problem kompliziert, ein zweiter löst es. Die Stämme haben geschworen, ihre eigenen Töchter den Benjaminitern nicht zur Frau zu geben (21,1); und sie haben auch geschworen, jeden zu töten, der ihnen nicht in dem Krieg half (21,5). Also greifen sie die pflichtvergessene Stadt Jabesch-Gilead an und ermorden alle Einwohner außer 400 Jungfrauen (21,10-12). Diese Frauen übergeben sie den Entronnenen von Benjamin, geradeso wie der Levit einst seine Nebenfrau den ruchlosen Männern von Benjamin überlassen hatte. Die Vergewaltigung der einen führt zur Vergewaltigung von vierhundert. Und doch sind die Benjaminiter noch unzufrieden, weil vierhundert Frauen den Bedarf von sechshundert Soldaten nicht decken. Diesmal müssen die Töchter von Schilo den Preis bezahlen. Um die Begierde von Männern zu befriedigen, heißen die Israeliten die Entführung von zweihundert jungen Frauen gut, als diese bei dem jährlichen Fest Jahwes zum Reigentanz hinausgehen (21,23). Insgesamt hat also die Vergewaltigung von einer zu der Vergewaltigung von sechshundert geführt.

In die Hände der israelitischen Männer gegeben, rechtfertigt diese Geschichte von der Nebenfrau offenbar die Zunahme von Gewalttaten gegen die Frauen. Was diese Männer angeblich verabscheuten, haben sie selbst bei ihrer Rache wieder eingeführt. Sie haben vierhundert Jungfrauen aus Jabesch-Gilead und zweihundert Töchter aus Schilo gefangen, verraten, geschändet und zerstreut. Außerdem haben sie alle Frauen von Benjamin und alle verheirateten Frauen von Jabesch-Gilead gefoltert und ermordet. Die israelitischen Männer haben den Körper der israelitischen Frau zerstückelt. Was die Männer an der geringsten unter den Frauen getan haben, das haben sie vielen getan. Der Stamm Israel hat sein Herz der Nebenfrau nicht zugewandt.

Von seiten des Redakteurs des Buches der Richter. Eine zweite Reaktion kommt von dem Redakteur des Buches der Richter, dessen Stimme mit der des Erzählers verschmilzt. Am Anfang von Akt I klagte er das Zeitalter mit den Worten an: »In jenen Tagen gab es keinen König in Israel.« Nun, am Ende von Akt III, wiederholt er sein Urteil und fügt hinzu: »Jedermann tat, was recht war in seinen eigenen Augen«.[59] Der Ausdruck »in seinen eigenen Augen« spielt auf die Worte des alten Mannes an, die er zu den ruchlosen Männern von Gibea spricht: »Tut mit ihnen [der jungfräulichen Tochter und der Nebenfrau], was gut ist in euren Augen« (19,24). Das Fehlen eines Königs öffnet offensichtlich Anarchie und Gewalttat Tor und Tür. Infolgedessen benutzt der Redakteur diese schreckliche Erzählung, um sich für eine Monarchie einzusetzen, die Ordnung und Gerechtigkeit wiederherstellen soll.[60] Indem er nicht nur diese Geschichte, sondern das ganze Buch der Richter mit einer Anklage beendet, bereitet er den Leser dafür vor, das Königtum mit Wohlwollen zu betrachten. Was für eine Ironie ist es aber, daß der erste König, Saul, aus dem Stamme Benjamin kommt, Gibea zu seiner Hauptstadt macht und Jabesch-Gilead von den Ammonitern befreit![61] Aber Sauls Ansehen zu untergraben, um Davids Monarchie zu unterstützen, ist wahrscheinlich genau das, was der Redakteur beabsichtigt. Die Regierung Davids bringt jedoch ihre eigenen Greueltaten mit sich: David entehrt Batseba, Amnon vergewaltigt Tamar, und Abschalom schändet die Nebenfrauen seines Vaters.[62] In jenen Tagen gab es zwar einen König in Israel, aber die Mitglieder des Königshauses taten, was recht war in ihren eigenen Augen. Es wird deutlich, daß es nichts nützt, eine politische Lösung für die Geschichte von der Nebenfrau zu suchen, denn von daher wendet sich ihr das Herz nicht zu.

Von seiten der Gestalter des Kanons. Eine dritte Reaktion erkennen wir in der kanonischen Anordnung der Schriften. Sie drückt sich darin aus, daß unserer Geschichte ganz andere gegenübergestellt werden. In der hebräischen Bibel folgt die Geschichte von Hanna unmittelbar auf die Geschichte von der Nebenfrau (1 Sam 1,1-2,21).[63] Sie spielt zwar auch im Gebirge Efraim und beschreibt eine Reise an einen anderen Ort, aber diese Erzählung schildert doch eine ganz andere Welt mit ganz anderen Gestalten. Elkona ist der liebevolle Ehemann, der auf den Kummer seiner unfruchtbaren Frau Hanna eingeht; Eli, der ehrwürdige Priester, der die Frau segnet und Gottes Gunst für sie erbittet; Jahwe, der gnädige Gott, der sich ihrer Tränen und Gebete erbarmt und ihr Fruchtbarkeit schenkt; und Samuel, das außergewöhnliche Kind, das seine Mutter ehrt, indem es dem Herrn in Schilo dient. In der ganzen Geschichte wird Hanna Sympathie und gesammelte Aufmerksamkeit zuteil. Sie hat einen Namen und spricht, sie ist fromm und ausdauernd, treu und großmütig. Die Männergestalten und der Erzähler heben ihr Ansehen und ihren Glauben hervor. All dieses gehört mit in die Tage der Richter! Wie unterschiedlich aber werden Hanna und die Nebenfrau behandelt!

In ähnlicher Weise wird in der griechischen Bibel durch eine Gegenüberstellung reagiert. Dort folgt die Geschichte von Rut auf die Geschichte von der Nebenfrau. Wie die 1. Szene der letzteren spielt auch das Buch Rut in Betlehem. Es ist auch eine Studie über Gastfreundschaft, diesmal aber in einer weiblichen Version.[64] Durch ihre Frauen begrüßt die ganze Stadt die Witwe Noomi bei ihrer Rückkehr aus dem Lande der Moabiter mit Rut, ihrer Schwiegertochter. Unter dem Segen Gottes arbeiten diese Frauen an ihrer eigenen Errettung. Der Patriarch Boas hilft, indem er für ihren Unterhalt sorgt und Rut heiratet. Wenn die wohlwollenden Ältesten von Betlehem drohen, die Angelegenheiten dieser Frauen von ihrer Sicht aus zu regeln, melden sich die Frauen wieder zu Wort. Sie interpretieren die Sprache der Männerwelt auf ihre Weise, um die Integrität einer Frauengeschichte zu bewahren. Der Sohn, der Rut geboren wird, setzt zwar auch den Namen des toten Elimelech in der Erbfolge fort, vor allem aber gibt er Noomi das Leben zurück. Und als die Frauen von Betlehem diesem Kind einen Namen geben,

machen sie einen neuen Anfang mit den Männern. All dieses geschah »zu der Zeit, da die Richter regierten« (Rut 1,1). Wie ganz anders werden Rut und Noomi im Vergleich zu der Nebenfrau behandelt!
Das Fehlen von Frauenfeindlichkeit, Gewalt und Rache in den zwei Geschichten, die den benjaminitischen Überlieferungen gegenübergestellt werden, spricht eine wohltuende Sprache in der Zeit der Richter. Die Schilderung der Frauen verstärkt die Botschaft. Neben der Nebenfrau, den Frauen von Benjamin, den jungen Frauen von Jabesch-Gilead und den Töchtern von Schilo stehen Hanna, Noomi, Rut und die Frauen von Betlehem. Daß es die letztere Gruppe gibt, kann die Leiden ihrer Schwestern nicht auslöschen, aber es zeigt doch sowohl den Allmächtigen als auch die Männer in viel günstigerem Licht. Von diesen Geschichten aus »das Herz auf die Nebenfrau zu richten,« bedeutet also, einen Weg zur Erlösung zu zeigen.

Von seiten der Propheten. Eine vierte Reaktion auf die Geschichte kommt aus der prophetischen Literatur, insbesondere von Hosea. Zwei beiläufige Hinweise legen nahe, daß die Erinnerung an Gibea noch jahrhundertelang bewahrt wurde.[65] Als der Prophet die Tage der Heimsuchung und Vergeltung für Israel ankündigt, erklärt er:

Tief verdorben ist ihr Tun
wie in den Tagen von Gibea;
darum wird er ihrer Schuld gedenken
und ihre Sünden heimsuchen. (Hos 9,9; Luth)

Und an einer anderen Stelle sagt er:

Israel, du hast seit den Tagen
von Gibea gesündigt. (Hos 10,9; Luth)

Zwei Hinweise auf Erinnerungen an die Verbrechen von Gibea sind aber nicht viel. Die prophetische Überlieferung hat ihr Herz kaum der Nebenfrau zugewandt.

Von seiten der übrigen Schrift. Überwältigendes Schweigen ist die fünfte Reaktion auf diesen Text. Es kommt sowohl vom alten Israel als auch von der frühen christlichen Gemeinde. Wenn der Levit schon den Stämmen Israels nicht die ganze Wahrheit berichtet hat, wieviel mehr hat die kanonische Tradition es versäumt, sie zu bewahren! Die schneidenden, ja, sarkastischen Worte des Propheten Amos bei einer anderen Gelegenheit fangen den Geist dieser Art von Reaktion gut ein:

Darum muß der Kluge
zu dieser Zeit schweigen;
denn es ist eine böse Zeit. (Am 5,13; Luth)

Durch Schweigen werden Unvermögen und Mittäterschaft gedeckt. Schweigen ist Unrecht, denn die Geschichte gebietet ihren Zuhörern, »ihr Herz auf sie zu richten, zu beraten und zu sprechen« (19,30; 20,7).

Von seiten der Leser. »Richtet euer Herz auf sie, beratet und sprecht.« Diese Imperative leiten direkt in die Gegenwart über und fordern uns dazu heraus, eine neue Antwort zu geben. Somit wird die sechste Reaktion von den Lesern der Geschichte erwartet. Von dieser Frau zu sprechen, bedeutet aber, die Handlung, die Gestalten und die biblische Tradition ganz neu und anders als der Erzähler zu interpretieren, weil ihr bisher weder Mitleid noch Aufmerksamkeit geschenkt worden sind. Wenn wir uns die Geschichte von der Nebenfrau zu Herzen nehmen, zu was für einem Ratschluß kommen wir dann? Was sollen wir sagen? Wie können wir, die Erben Israels, in Gegenwart von solch unerbittlichem und ungemildertem Schrecken sprechen?
Vor allem können wir erkennen, daß die Geschichte heute noch möglich ist. Frauenfeindlichkeit gehört zu jedem Zeitalter einschließlich unseres eigenen. Gewalttätigkeit und Rache sind nicht nur für eine ferne, vorchristliche Vergangenheit charakteristisch. Die Frau als Objekt wird immer noch gefangen, verraten, geschändet, gequält, ermordet, zerstückelt und zerstreut. Wenn wir uns diese alte Geschichte zu Herzen nehmen, heißt das, daß wir uns eingestehen, daß es das alles auch heute noch gibt.[66] Die Geschichte lebt, und es ist noch längst nicht alles gut. Über das Eingeständnis hinaus müssen wir miteinander zu Rate gehen und sagen: »Nie wieder!« Dieser Vorsatz wird allerdings unwirksam bleiben, wenn

wir nicht unsere Herzen dem kompromißlosesten aller biblischen Gebote öffnen und nicht zu anderen, sondern zu uns selbst sagen: »Bereue! Ändere dich!«[67]

Anmerkungen

1. Zu der Komposition des Buches der Richter, siehe *Robert G. Boling*, Judges, Anchor Bible, Garden City, N.Y. 1975, S. 29-38; *ders.* »In Those Days There Was No King in Israel«, in: A Light unto My Path, hg. von *Howard N. Bream/Ralph D. Heim/Carey A. Moore*, Philadelphia 1974, S. 33-48; *J. Alberto Soggin*, Judges OTL, Philadelphia 1981, S. 4-5.
2. Ri 17,6a; 18,1a; 19,1a; 21,25a.
3. Ri 17,6b; 21,25b.
4. Die in diesem Aufsatz zitierten Kapitel und Verse sind dem Buch der Richter entnommen, sofern sie nicht besonders gekennzeichnet sind.
5. Die drei Akte umfassen die Geschichte von der Nebenfrau (19,1b-30), den Krieg der israelitischen Stämme gegen Benjamin (20,1-48) und die Beschaffung von Frauen für die Benjaminiter (21,1-24). Vgl. *Martin Bubers* Beschreibung dieses Materials als »zusammengestellt aus einer barocken, ausführlichen Darstellung eines legendären Themas . . .in einem geschwätzigen Stil . . .umständlich und unklar berichtet . . .«, Kingship of God, New York 1967, S. 78. Eine Studie über diese Einheit unter besonderer Berücksichtigung des Themas der Gemeinschaft findet man bei *Susan Niditch*, The »Sodomite« Theme in Judges 19-20, Family, Community, and Social Disintegration, CBQ 44 (1982), S. 365-78.
6. Eine gründliche Analyse dieses Textes findet man in der Neuerscheinung: *Hans-Winfried Jüngling*, Richter 19, ein Plädoyer für das Königtum, Rom 1981.
7. Im Unterschied zur RSV übersetzte ich *n'r* als attendant (deutsch: »Begleiter«; vgl. Luth, Zür: »Knecht«) und nicht als servant (Diener) und/oder young man (junger Mann; vgl. Buber: »Knabe«), um es von *'bd* (servant) in 19,19 zu unterscheiden.
8. Siehe *Raymond Abba*, Priests and Levites, in: The Interpreter's Dictionary of the Bible 3 (IDB), hg. von *George Arthur Buttrick, Nashville 1962, S. 876-89.*
9. *Siehe Otto J. Baab*, Concubine, IDB 1, S. 666; *Soggin*, Judges, S. 159.
10. Zu Diskussionen über diese Traditionen, siehe die Kommentare; z.B. *George F. Moore*, A Critical and Exegetical Commentary on Judges, ICC, Edinburgh 1976, S. 409-10; *C.F. Burney*, The Book of Judges, New York 1970, S. 459-61; *Boling*, Judges, S. 273-74; *Soggin*, Judges, S. 284.
11. Ich werde den Leviten immer den »Herrn« nennen, (amer. master) um

ihn dadurch von den anderen namenlosen Männern zu unterscheiden und um darauf hinzuweisen, daß er Macht über seine Nebenfrau hat.

12. *Jüngling* vergleicht das Weggehen der Nebenfrau mit Hagars Flucht vor Sarai (Gen 16,6). Er stellt auch fest, daß diese Handlung der Nebenfrau in den Überlieferungen Israels einzigartig ist: sie, nicht der Mann, leitet die Trennung ein. Siehe Richter 19, S. 87-90.

13. Eine andere Analyse der Abschnitte in dieser Szene findet man bei *Jüngling,* Richter 19, S. 90-152. Beachte insbesondere seinen literarkritischen Vergleich zwischen dem vierten und fünften Tag des Besuchs (S. 115-18).

14. Zu dem Ausdruck *lahăšîbāh,* »um sie zurückzubringen«, siehe *Moore,* Judges, S. 409-10; *Burney,* Judges, S. 461.

15. Über dieses Beispiel von Verzögerung, siehe *Jacob Licht,* Storytelling in the Bible, Jerusalem 1978, S. 106-7.

16. *Boling* stellt fest, daß der Rahmen um den Besuch von dem Ausdruck »sein Schwiegervater, der Vater der jungen Frau« gebildet wird (19,4a und 9), Judges, S. 274. Über das Wohlwollen bei der Begrüßung, vgl. *Jünglings* Kommentar zu dem Verb »veranlaßte ihn zu bleiben«, Richter 19, S. 106-8.

17. Gegen *Soggin,* Judges, S. 285. Der Ausdruck »verbrachten die Nacht« (19,4,6b,9b) ist nicht »ein Euphemismus für die Wiederaufnahme ehelicher Beziehungen«. Der springende Punkt ist, daß sich die Männer zusammentun; siehe unten zu 19,5-7.

18. Ebenso wie Abraham, der die drei Fremden in seinem Zelt bei Mamre bewirtete, spielt auch der Vater seine Großzügigkeit herunter durch den Ausdruck »Labe dich mit einem Bissen Brot« (vgl. Gen 18,4-5). Auch bezeichnet er, wie Abraham, die Verzögerung als eine Hilfe zum Aufbruch.

19. Zu dieser Interpretation des hebräischen *htmhmhw* in 19,8, siehe *Boling,* Judges, S. 87, 275.

20. Über die verschiedenen Bedeutungen von *hinnēh,* siehe *Thomas O. Lambdin,* Introduction to Biblical Hebrew, New York 1971, S. 168-71; *C.J. Labuschagne,* The Particles הֵן and הִנֵּה, Syntax and Meaning: Studies in Hebrew Syntax and Biblical Exegesis, oudtestamentarische Studien 18, hg. von *A.S. van der Woude,* Leiden 1973, S. 1-4.

21. Man beachte wieder den Ausdruck, den der Vater benutzt: »Laß dein Herz guter Dinge sein« (19,9).

22. In den drei Zeitperioden dieser Episode ist die Macht vom Vater (19,4) auf die beiden Männer zu gleichen Teilen (19,6) und danach auf den Herrn (19,8-10) übergegangen.

23. Vgl. *Boling*, Judges, S. 274: »Es war eine Männerwelt. Es wird überhaupt nicht davon gesprochen, ob das Mädchen [sic] ein Interesse daran hatte, wieder mit ihrem Gatten zusammenzusein, oder davon, was die Frauen taten, während die beiden Männer fast die ganze Woche feierten.«
24. Über Jebus, siehe *Soggin*, Judges, S. 286; *Jüngling*, Richter 19 S. 147-48.
25. Eine stilistische Analyse des Gesprächs findet man bei *Jüngling*, Richter 19, S. 162-70. Man beachte seinen Vergleich – er schließt sich damit W. Richter an – mit der Geschichte von der Tochter Jiftachs, insbesondere mit Ri 11,34a-40. Über die Jiftach-Geschichte, siehe Kapitel 4 unten.
26. Über die Ortsnamen, siehe *Soggin*, Judges, S. 286-87.
27. Das Wort »Sage« bedeutet hier »Geschichte«.
28. Wenn man die beiden Vorkommen des Namens Betlehem mitzählt, kommt das Wort Haus (byt) viermal in der Mitte vor (19,18).
29. Man beachte, daß nur der Herr das Subjekt aktiver Verben ist; die mit ihm reisen, werden ausdrücklich nur als Objekte zu dem Verb *nehmen* mit inbegriffen.
30. Über Ironie in der Geschichte, siehe *Stuart D. Currie*, Judges 19-21: Biblical Studies for a Seminar on Sexuality and the Human Community, in: Austin Seminary Bulletin 87 (1971), S. 14.
31. Vgl. die Frage, die auch an Hagar gestellt wird (Gen 16,8); siehe *Jüngling*, Richter 19, S. 185-86.
32. Über die Schwierigkeiten in dem hebräischen Text, siehe *Moore*, Judges, S. 415-16; vgl. »Haus« hier mit »Zelt« in 19,9; siehe *Boling*, Judges, S. 276.
33. Über das Ineinandergreifen von Erzählung und direkter Rede, siehe *Alter*, The Art of Biblical Narrative, New York 1981, S. 63-87.
34. Obwohl die Texte überwiegend auf den Singular »dein Diener« hinweisen, wäre der Plural »deine Diener« auch nicht unangemessen. Die genaue Bedeutung der Ausdrücke »deine Magd« und »dein Diener« ist ungewiß, aber der Kontext legt nahe, daß der Herr von seiner Nebenfrau und sich selbst spricht. Insgesamt beziehen sich seine Worte offensichtlich auf die ganze Reisegesellschaft (Herr, Nebenfrau, Knecht und Tiere). Vgl. *Boling*, Judges, S. 275-76.
35. Man beachte die Kürze der beiden Reden des alten Mannes (19,17b und 19,20), wo sie die längeren Ausführungen des Herrn umrahmen (19,18-19). Vgl. diese Ausführungen mit dem Schweigen des Herrn in der 1. Szene (19,3-10). In beiden Fällen setzt sich der Herr gegenüber

einem anderen Mann durch. Zu der Partikel raq; siehe *B. Jongeling,* La Particle רַק, Syntax and Meaning, Oudtestamentische Studien 18, hg. von *A. S. van der Woude,* Leiden 1973, S. 97-107.

36. Man beachte die strukturelle Parallele zwischen diesem erzählten Ende (19,21) und dem Ende der Rede des Herrn in 19,18c-19. In beiden Fällen gehen die Ausführungen über die wiederholte Redewendung hinaus, die sonst das Ende der Einheit hätte bedeuten können: »Niemand will mich ins Haus aufnehmen« (19,18c) und »so führte er ihn in sein Haus« (19,21a).
37. Dieser Bericht verstärkt den Verdacht, der in 19,19 aufkam in bezug auf die Vorräte an Futter, die der Herr hatte. Andererseits mag dadurch die Großzügigkeit des alten Mannes herausgestellt werden.
38. Zu dem Ausdruck »ruchlose Männer« (amer. sons of wickedness), siehe *Burney,* Judges, S. 467-69; *Jüngling,* Richter 19, S. 199-203, *Boling,* Judges, S. 276.
39. Siehe *Boling,* Judges, S. 276.
40. Obwohl in dem Text steht: »Er ging zu ihnen hinaus« (19,23), werden die gefährlichen Symbole *Tür* und *Eingang* nicht benutzt. Der alte Mann ist sowohl draußen als auch drinnen in Sicherheit.
41. Vgl. die Antwort, die Tamar Amnon gibt (2 Sam 13,12-13); siehe Kapitel 2, Anm. 34 oben. Zu dieser und anderen thematischen und verbalen Verbindungen zwischen 2 Sam 13 und Ri 19-21, siehe *R. A. Carlson,* David, the Chosen King: A Traditio-Historical Approach to the Second Book of Samuel, Stockholm 1964, S. 165-67. Über nĕbālāh, siehe außerdem *Currie,* Judges 19-21, S. 19; auch *Jüngling,* Richter 19, S. 211-17.
42. Über die offensichtliche grammatische Anomalie der maskulinen Pronomen, siehe *Boling,* Judges, S. 276.
43. Vgl. den Gebrauch des Idioms »was gut ist in euren Augen« in bezug auf die Bedrückung Hagars (Gen 16,6); auch die zahlreichen sexuellen Bezugnahmen auf die Augen in der Geschichte Tamars (z. B. 2 Sam 13,2,5b,6b,8); vgl. Gen 19,8 unten.
44. Viele Wissenschaftler meinen, daß Ri 19 von Gen 19 abhängig sei. Siehe z. B. *Moore,* Judges, S. 417-19; *Burney,* Judges, S. 443-44; *Soggin,* Judges, S. 282-288; *Robert C. Culley,* Studies in the Structure of Hebrew Narrative, Philadelphia 1976, S. 56-59. Siehe auch *D. M. Gunn,* Narrative Patterns and Oral Tradition in Judges and Samuel, in: VT 24 (1974), S. 294, bes. Anm. 1. (Der Artikel von *A. van den Born war mir nicht zugänglich). Aber vgl. Niditch,* The ›Sodomite‹ Theme in Judges 19-20, S. 375-78, der meint, daß Ri 19 früher als Gen 19

entstanden ist. Andere sehen solche Geschichten als Szenentypen, die sich zwischen festgelegter Konvention und flexibler Anwendung bewegen ohne spezifische literarische Abhängigkeit; vgl. *Alter,* The Art of Biblical Narrative, S. 47-62. Zu neueren Veröffentlichungen über diese Geschichten, siehe *Tom Horner,* Jonathan Loved David: Homosexuality in Biblical Times, Philadelphia 1987, S. 47-58 und *John Boswell,* Christianity, Social Tolerance and Homosexuality, Chicago 1980, S. 92-98.

45. Im Unterschied zu den Einwohnern von Gibea lief Lot den Fremden entgegen und drängte sie, die Nacht in seinem Hause zu verbringen und seine Gastfreundschaft zu genießen. Zuerst weigerten sich die Reisenden und erklärten, daß sie die Nacht auf der Straße verbringen wollten. Somit war also ihr Wunsch das Gegenteil von dem des Herrn aus Efraim.
46. Vgl. den Bericht von Amnons Reaktion auf Tamars Worte (2 Sam 13,14a,16b); siehe *Jüngling,* Richter 19, S. 217-20.
47. Zu dieser Übersetzung von Ri 19,25b, siehe NJV. Vgl. die Bedeutung, die das Wort *ergreifen* (ḥzq) in der Geschichte von Tamar hat (2 Sam 13,11,14b).
48. Zu dem Verb *quälen* (ʿll), vgl. 1 Sam 31,4; Jer 38,19, Num 22,29.
49. Eine ausgezeichnete Besprechung dieser Mehrdeutigkeit findet man bei *Robert Polzin,* Moses and the Deutoronomist, New York 1980, S. 200-202.
50. Das Auftreten des Wortes *Haus* bringt das Motiv der Rivalität zwischen dem Herrn und seinem Schwiegervater wieder in Erinnerung. Die Erzählung stellt »des Vaters Haus« am Anfang (19,2) dem »Haus« des Herrn am Ende (19,29) gegenüber. Allerdings spricht der Vater von dem Zuhause des Herrn als von einem »Zelt« (19,9). Die Diskrepanz zwischen der Terminologie des Erzählers und der des Vaters legt nahe, daß »Zelt« sarkastisch gemeint ist (gegen *Boling,* Judges, S. 276).
51. Das Verb *zerschneiden* wird in der Schrift nur für Tiere gebraucht. Vgl. den Gebrauch des Verbs *schicken* (šlḥ) in der Geschichte von Tamar (2 Sam 13,16-17).
52. In einem unveröffentlichten Aufsatz unter dem Titel »Intricacy, Design, and Cunning in the Book of Judges« zeigt *E. T. A. Davidson* einige sehr überzeugende Parallelen zwischen der Geschichte von der Nebenfrau und anderen Erzählungen in dem Buch der Richter auf, die das Thema Vater-Tochter und Ehemann-Ehefrau betreffen, nämlich die Geschichten von Kaleb, Achsa und Otniel (1,11-15); von Jiftach und seiner Tochter (11,29-40); und von dem Mädchen aus Timma und ihrem Vater

(14,20-15,8). Sie meint, daß die Stellung der Geschichte von der Nebenfrau am Ende des Buches eine künstlerische Steigerung von häuslicher Ruhe (1,11-15) bis zu äußerster Erniedrigung abschließt. Diese Steigerung symbolisiert die Geschichte Israels vor der Einführung der Monarchie. Wahrlich, die Nebenfrau ist Israel, geschändet und zerteilt!

53. Zu einem Vergleich von Ri 19,29 und 1 Sam 11,7, siehe *Jüngling*, Richter 19, S. 236-40. Vgl. *Soggin*, Judges, S. 289; auch *Alan D. Crown*, Tidings and Instructions; How News Travelled in the Ancient Near East, in: Journal of the Economic and Social History of the Orient 17 (1974), insbesondere S. 253-54.
54. Somit steht das Ende im Gegensatz zu dem entsprechenden Abschnitt der Einleitung (19,2). Es wird nun nicht mehr gesagt, wohin die Teile der Nebenfrau geschickt wurden, sondern der erzählerische Teil geht in eine direkte Rede von seiten ganz Israels über.
55. Zu den Bedeutungen von »dergleichen« (19,30), siehe *Currie*, Judges 19-21, S. 17; auch *Gerhard Wallis*, Eine Parallele zu Richter 19,29ff und 1 Sam 11,5ff aus dem Briefarchiv von Mari, ZAW 64 (1952), S. 57-61.
56. Siehe *Jüngling*, Richter 19, S. 240-44.
57. Jedoch der Erzähler schützt seinen Helden weiterhin durch Zweideutigkeit. Beachte in 20,4a die Beschreibung »der Mann, der Levit, Ehemann der Frau, die gemordet wurde«, die die Identität des Mörders wiederum offen läßt. Vgl. *Licht*, Storytelling in the Bible, S. 78-79.
58. Zu dieser Reaktion als einem heiligen Krieg, siehe *Currie*, Judges 19-21, S. 18-20; *Polzin*, Moses and the Deutoronomist, S. 202-4; *Niditch*, The ›Sodomite‹ Theme, S. 371-75.
59. So ein Prozeß der Entscheidungsfindung mag in früheren Zeiten zum Guten geführt haben (vgl. Dtn 12,8), in diesem Kontext haben die Wörter aber eine negative Bedeutung. Andere Interpretationen findet man bei *Boling*, Judges, S. 293; *W. J. Dumbrell*, »In Those Days There Was No King In Israel; Every Man Did What Was Right In His Own Eyes«, The Purpose of the Book of Judges Reconsidered, ISOT 25 (1983), S. 23-33.
60. Siehe *Martin Buber*, Kingship of God, S. 77-80; *Jüngling*, Richter 19, S. 244-96.
61. 1 Sam 9,1-2; 10,26; 11,1-11; 15,34; 22,6; 23,19.
62. 2 Sam 11,2-27; 13,1-22; 16,20-23.
63. Literarkritische Betrachtungen der Geschichte von Hanna findet man bei *Zvi Adar*, The Biblical Narrative, Jerusalem 1959, S. 19-28; *Licht*,

Storytelling in the Bible, S. 90-91, 114-15; *Alter*, The Art of Biblical Narrative, S. 81-86.

64. Eine literarkritische Betrachtung ist: *Phyllis Trible*, God and the Rhetoric of Sexuality, Philadelphia 1978, S. 166-99.

65. Kommentare zu diesen Hinweisen, siehe *Jüngling*, Richter 19, S. 280-84; auch *James Luther Mays*, Hosea, OTL, Philadelphia 1969, S. 131, 143; *Hans Walter Wolff*, Hosea, Hermeneia, Philadelphia 1974, S. 158, 184.

66. Siehe *Dudley Clendinen*, Barroom Rape Shames Town of Proud Heritage, New York Times, 17. März 1983, Abschn. 1, S. A 16. Eine Zusammenfassung dieses Artikels berichtet, daß die Vergewaltigung einer 21jährigen Frau in einer Bar in New Bedford Mass. den Nordosten erschüttert hat. Die Frau wurde auf einen Billardtisch gezerrt, gequält und wiederholt vergewaltigt von einer Gruppe von Männern, die sie dort mehr als zwei Stunden festhielten, während die anderen Männer in dem Lokal zusahen, sich über sie lustig machten und applaudierten. Keiner half ihr oder rief die Polizei (News Summary, New York Times, 17. März 1983, Abschn. 2, S.B 1).

67. Reue ist eine radikale Umkehr im Denken, die sich in einer radikalen Veränderung des Verhaltens manifestiert.

4. Die Tochter Jiftachs

Ein unmenschliches Opfer

Mein Gott, mein Gott,
warum hast du sie vergessen!

Richter 11,29-40

Unsere letzte Geschichte gehört auch in die Zeit der Richter. Damals lebte Israel in Stammesgemeinschaften, frei von der Macht einer zentralisierten Regierung, aber auch bedroht von Anarchie und Untergang.[1] Vor diesem Hintergrund werden die geschilderten Ereignisse des öffentlichen und privaten Lebens zu einer *saga* von Glaubenslosigkeit, Tod und Trauer verknüpft.[2]
In dem Zyklus von Geschichten über Jiftach, den Gileaditer,[3] stellt unsere Erzählung Szene 2 dar (11,29-40).[4] Ihr gehen ein theologisches Vorwort (10,6-16), eine Einführung in die Krisen der Zeit (10,17-11,3) und eine Szene voraus, in der die Konflikte z.T. gelöst, z.T. weiter ausgetragen werden (11,4-28). Auf Szene 2 folgt dann der Schluß des Zyklus (13,1-7).[5] Die zweite Szene besteht aus zwei Episoden und einem Nachwort. Episode 1 erzählt von einer blutigen Schlacht zwischen den Völkern und Episode 2 von einem privaten Opfer. Im Nachwort wird dieses Opfers gedacht. Wir haben uns die Aufgabe gestellt, Szene 2 sorgfältig zu untersuchen in Hinblick auf ihre zentrale weibliche Gestalt: die namenlose Tochter des Jiftach.

Der Kontext von Szene 2

A. *Einleitung: Gegenüberstellung der Konflikte, 10,17-11,3.* Die Einleitung des Jiftach-Zyklus stellt einen öffentlichen und einen privaten Konflikt einander gegenüber. Im 11. Jahrhundert, als Ammon in Transjordanien ein Königreich wird mit Rabba als Hauptstadt, beginnen die Ammoniter, die Kinder Israel zu unterdrücken, insbesondere die, die im Gebiet von Gilead wohnen, dessen bedeutendste Stadt Mizpa ist.[6] Für den deutoronomischen Theolo-

gen, dessen Urteil in das Vorwort zum Jiftach-Zyklus einfließt, ist diese militärische Bedrohung ein Werk Gottes. Gott straft Israel für seine Abtrünnigkeit (10,6-16).[7] Nachdem sie ihre Sünden bekannt haben, suchen die Kinder Israel einen Befreier, einen, der sie im Kampf gegen die Ammoniter führt (10,17-18).[8]
Ihr Erretter ist eine zweideutige Erscheinung. »Jeftah, ein Gileaditer, war ein streitbarer Mann« (11,1a; Luth), einer, der viel Erfahrung im Kampf hatte und der sowohl seine eigene Ausrüstung als auch ein Kontingent von Soldaten stellen konnte.[9] Neben diesen wünschenswerten Vorzügen hatte er jedoch einen unauslöschlichen Makel: er (hû') war »der Sohn einer Hure« (11,1b). So unsicher war Jiftachs Abkunft, daß man nur die personifizierte Gegend von Gilead zu seinem Vater erklären konnte.[10] Als Kind einer namenlosen Dirne und eines unbekanntes Vaters litt Jiftach, der mächtige Krieger, für die Sünden seiner Eltern. Die legitimen Nachkommen seiner Generation vertrieben ihn aus seines Vaters Haus.[11] Mit einem ironischen Unterton berichtet der Erzähler, daß Jiftach »vor seinen Brüdern« floh, um im Lande Tob zu wohnen (11,3a).[12] Mit der Zeit sammelt dieser Ausgestoßene Freunde aus dem Abschaum der Gesellschaft um sich. »Und es sammelten sich bei ihm lose Leute und zogen mit ihm aus ('immô)« (11,3b; Luth).[13] Der Erretter ist wahrhaftig eine zweideutige Erscheinung!

B. *Szene 1: Beschlußfassung und Vergeltungsmaßnahmen, 11,4-28.* Nachdem der Erzähler den zukünftigen Befreier als einen Ausgestoßenen vorgestellt hat, berichtet er weiter, daß Jiftach und sein Volk sich angesichts der Aggression der Ammoniter wieder zusammentaten. Szene 1 beginnt mit einer Bedrohung von außen, durch die eine innere Spaltung überwunden wird. Die Initiative geht von den Ältesten von Gilead aus, deren unfähige Heeresleitung ihnen keine andere Wahl läßt, als sich den Illegitimen als Retter auszusuchen. Diese Ältesten »gingen . . . hin, um Jeftah aus dem Lande Tob zu holen« (11,5b; Luth).[14] Zuerst bieten sie ihm nur eine zeitgebundene Befehlsgewalt an für die Dauer des bevorstehenden Kampfes gegen die Ammoniter. »Komm und sei unser Führer (qāṣin) . . .«, bitten sie (11,6; Zür).[15] Aber Jiftach fordert sie heraus mit Fragen, die die harte Behandlung in Erinnerung rufen, die er durch sie erlitten hat (11,7).[16] Sie weisen diese Beschuldigungen zwar zurück, aber die Verzweiflung zwingt sie, ihm eine dauernde Machtposition anzubieten.

Darum kommen wir nun wieder zu dir,
damit du mit uns ziehst und uns hilfst,
gegen die Ammoniter zu kämpfen;
und unser Haupt (lĕrōš) seist über alle,
die in Gilead wohnen. (11,8;Luth)[17]

Erstaunlicherweise übertragen ihm die Ältesten diese ungeheure Machtfülle, ohne auch nur die Bedingung daran zu knüpfen, daß er die Schlacht gewinnen müsse. Ihr neues Angebot bringt Jiftach dazu, mit ihnen zu verhandeln:

Wenn ihr ('attem) mich ('ôtî) dazu veranlaßt, zurückzukehren,
um gegen die Ammoniter zu kämpfen,
und wenn Jahwe sie mir preisgibt,
dann werde ich ('ānōkî)
über euch (lākem) das Haupt (lĕrōš) sein. (11,9)[18]

Seine Art zu verhandeln ist gewitzt. Indem er sich mit einem Bedingungssatz auf Jahwe beruft, setzt er die Macht der Ältesten noch weiter herab und wertet dabei gleichzeitig seine eigene Autorität auf. Das, was sie ihm gerade angeboten haben, will er sich selbst auf dem Schlachtfelde verdienen, falls der Herr ihn unterstützt. Und wenn dann erst einmal die Bedingung erfüllt und die Schlacht gewonnen ist, wird Jiftach die Macht für sich beanspruchen ohne weitere Bezugnahme auf Jahwe. Nach diesen Worten hat Gott, der für die Verhandlung nützlich ist, nach dem Sieg keine Rolle mehr zu spielen. Und somit tritt Gott nur indirekt in die Geschichte ein, er spricht nicht und handelt nicht und wird auch nicht direkt angesprochen. Diese religiöse Einstellung wird später den Schrecken und die Verwirrung alles dessen, was geschieht, noch verschlimmern. Indessen geben die Ältesten, als sie Jiftach antworten, ihre völlige Einwilligung zu diesem Handel. Angesichts der Bedrohung von außen hat Gilead die inneren Streitigkeiten beilegen können. Eine öffentliche Gefahr hat einen privaten Konflikt gelöst. Mit Jiftach als ihrem »Haupt und Füh-

rer« (11,11;Zür) sind die Israeliten bereit, sich den Ammonitern zu stellen.[19]
Die erste Konfrontation ist ein diplomatisches Vorspiel. Bei zwei verschiedenen Gelegenheiten sprechen die Feinde miteinander, und der Erzähler liefert dazu Informationen und Kommentar (11,12-13,14-28). Geheimboten bringen Jiftachs Worte zu dem ungenannten König der Ammoniter: »Was hast du mit mir zu schaffen, daß du zu mir kommst, um gegen mein Land zu kämpfen?« (11,12;Luth).[20] Die Antwort ist kompromißlos. Auf den Vorwurf, daß die Ammoniter gekommen seien, »um gegen *mein Land*« zu kämpfen, entgegnet der König: »Weil Israel *mein Land* genommen hat, als sie aus Ägypten zogen« (11,13;Luth). In einem Wortgefecht versucht der König die Rückgabe des Territoriums zu erreichen. Noch einmal sendet Jiftach Boten an den König. Sie halten eine lange Rede im Stile eines prophetischen Rechtsstreits, wobei die stehende Formel: »So spricht der Herr« abgeändert wird in: »So spricht Jeftah« (11,15).[21] »Aber der König der Ammoniter hörte nicht auf die Worte Jeftahs, die er ihm sagen ließ« (11,28;Luth).[22] Dieser Schluß von Szene 1 führt zu der Schlacht, mit der unsere Geschichte in Zusammenhang steht.

Szene 2 innerhalb des Kontextes

A. *Episode 1: Der Eintritt in die Schlacht, 11,29-33.* Obwohl alle, Jiftach, die Ältesten von Gilead und der Erzähler, sich auf den Herrn berufen haben, hat Gott sich bisher noch an keiner Stelle eingemischt. Darum fällt es auf, wenn die 1. Episode von Szene 2 mit den Worten eingeleitet wird: »Da kam der Geist Jahwes auf Jiftach« (11,29). Die formelle Sprache beweist deutlich, daß Gott die folgenden Ereignisse sanktioniert und ihren erfolgreichen Ausgang ankündigt.[23] Aber Jiftach selbst legt die Sicherheit nicht an den Tag, die der Geist Jahwes ihm eigentlich geben sollte. Anstatt mit Überzeugung und Mut zu handeln, reagiert er mit Zweifeln und Forderungen. Mitten in der Schlacht (11,30-31) unterbricht er die Erzählung (11,29,32-33), um noch einen Handel abzuschließen. So ernstgemeint sind seine Worte, daß der Erzähler sie als ein

Gelübde bezeichnet. »Und Jiftach machte dem Herrn ein Gelübde« (11,30a).[24]
Anders als bei seinem Plan, den er den Ältesten von Gilead vorlegte (11,9), wendet er sich bei diesem Gelübde nun direkt an Gott mit der dringenden Bitte: »Wenn du die Ammoniter *wirklich* in meine Hand gibst . . .«. Der Gebrauch des absoluten Infinitivs im Hebräischen (*nātôn*, hier adverbial übersetzt) mag nahelegen, daß Jiftach in seiner feilschenden Art zu sprechen hier bis zum Äußersten geht. Der erwählte Retter, auf den der Geist Gottes gekommen ist, ist sich gleichwohl der göttlichen Hilfe nicht sicher; auch ist er im Ungewissen über seine Zukunft bei denen, die ihn einst abgelehnt hatten. Darum fleht er Gott an: »Wenn du die Ammoniter wirklich in meine Hand gibst . . .«. Die Intensität dieses konditionalen Nebensatzes führt zu einem entschiedenen Ton in dem folgenden Satz: »Was auch immer aus der Tür meines Hauses mir entgegenkommt, wenn ich siegreich von den Ammonitern heimkehre, soll Jahwe gehören; ich will es als Brandopfer darbringen« (11,30). Als er nach der Bedingung auf das Ergebnis zu sprechen kommt, geht Jiftach nach der direkten Anrede Gottes auf die dritte Person über: »Was auch immer mir entgegenkommt . . . soll Jahwe gehören.« Dieses Sprechen in der dritten Person entspricht zwar dem Gebrauch des Namens Gottes an anderen Stellen in der Geschichte,[25] hier aber hat es eine besondere Bedeutung. Im Unterschied zu Jiftachs früherem Verhandeln zieht dieses Gelübte den Herrn in die Erfüllung der Bedingung mit hinein. Ohne Zweifel wird das Opfer *Jahwe* dargebracht.[26]
Welcher Art das Opfer sein wird, ist jedoch unklar, auch wenn es besonders herausgestellt wird. Wörtlich steht da: »der Hervorkommende, der hervorkommt«, ein zusammengesetzter emphatischer Ausdruck, der schwer wiederzugeben ist. Außerdem wird dieser Terminus gewöhnlich männlich gebraucht, so daß durch ihn weder Art noch Geschlecht identifiziert werden. Eine gewisse Unbestimmtheit lauert in diesen Worten Jiftachs, und wir sind gut beraten, wenn wir es dabei belassen. Beabsichtigt er, ein menschliches Opfer, ein männliches oder weibliches, darzubringen? Einen Diener vielleicht? Oder ein Tier?[27] Die Geschichte klärt die genauere Bedeutung seiner Worte nicht auf; wir werden sie erst an ihren Früchten erkennen.
Als er sein privates Leben mit einer Krise des öffentlichen Lebens in

Verbindung bringt, hat der Retter auf eigene Faust gehandelt, denn weder Jahwe noch die Leute von Gilead forderten das Gelübde. Außerdem hat seine Rede den Fluß der Erzählung unterbrochen. Sie platzt in das eigentliche Zentrum der Geschichte hinein, um auf göttliche Hilfe zu drängen, die Jiftach ironischerweise ja durch den Geist Jahwes schon hat. Das Gelübde ist ein Akt der Glaubenslosigkeit. Jiftach wünscht, Gott an sich zu binden, anstatt die Gabe des Geistes zu empfangen. Was freizügig zu ihm kommt, will er sich verdienen, um es seinem Willen dienstbar zu machen. Seine Worte drücken Zweifel aus, nicht Glauben, Beherrschenwollen, nicht Mut. Auf ein solches Gelübde gibt Gott keine Antwort.

»So zog Jeftah auf die Ammoniter los, um gegen sie zu kämpfen« (11,32a;Luth).[28] Wie wir es schon erwartet haben, erringt er den Sieg, nachdem der Geist des Herrn auf ihn gekommen war. Der Erzähler übernimmt die Worte des Gelübdes, als er davon berichtet. »Wenn du die Ammoniter wirklich in meine Hand gibst«, hatte Jiftach gesagt. Nun heißt es: »Jahwe gab sie in seine Hand« (11,32b). Diese Worte, die vorher die Erzählung unterbrochen hatten, werden jetzt ein Teil von ihr. Vom künstlerischen Aufbau her gesehen, stellt dieser Hinweis auf Jahwe am Ende der Szene ein Gleichgewicht zu dem »Geist Jahwes« am Anfang her, aber die beiden Aussagen stehen in einem Spannungsverhältnis zueinander. In der ersten ist der Geist Jahwes eine Gabe an Jiftach, die den erwünschten Erfolg garantiert, aber nicht davon abhängig ist. Im Gegensatz dazu wird aber durch die zweite, die das Vokabular des Gelübdes übernimmt, das vorbehaltlose Geschenk beleidigt. Mit anderen Worten, die Praxisbezogenheit des Gelübdes an Jahwe hat die freie Großzügigkeit des Geistes Jahwes verdrängt. Jiftach bekommt, was er wollte, genau in der Art, wie er es gewollt hatte, aber er versteht nicht, daß ein solches Gewinnen Verlieren ist. Indem der Erzähler Jiftachs Worte aufgreift, erhöht er die Wirksamkeit des Gelübdes, kündigt seine fortdauernde Kraft an *und* verändert die theologische Einstellung der Geschichte.

Nachdem er diesen theologischen Umschwung vorgenommen hat, berichtet der Erzähler Einzelheiten von dem Sieg (11,33). Wie groß war das Gemetzel, wie entschieden die Niederlage! Selbst die Syntax der Sätze macht den veränderten Status der Ammoniter deutlich.

Während sie in den früheren Berichten die Aggressoren waren (10,17; 11,4,5), werden sie in dieser und den folgenden Episoden zu Objekten, an denen gehandelt (11,32,33) oder über die gesprochen wird (11,36; 12,1-3). Diejenigen, die »Krieg führten gegen Israel« (11,4) werden nun »von den Kindern Israel unterworfen« (11,33). Der Krieg hat erreicht, was mit Worten nicht zu erreichen war. Er hat die Feindseligkeit zwischen Israel und Ammon, mit der die Geschichte begann, zu einer Entscheidung gebracht.

B. 2. *Episode: Das Ergebnis des Sieges, 11,34-39b.* Aber die Szene ist noch nicht beendet. Das Blutbad in der ersten Episode zieht das Opfer in der zweiten nach sich. Diese letztere Episode, auf die sich unsere Untersuchung besonders konzentriert, verdient eine genaue Analyse. Form und Inhalt sind symmetrisch angeordnet. Gleichzeitig wird aber die Symmetrie durch die unterschiedliche Länge der Teile verschoben, um deren Bedeutung herauszuheben.[29] Die Episode wird durch einen erzählerischen Teil eröffnet (11,34-35a) und abgeschlossen (11,38b-39b). Dazwischen stehen direkte Reden (11,35b-38a). In jedem Abschnitt des erzählerischen Teils umrahmt Jiftachs Handeln das Tun und Sprechen seiner Tochter. Ebenso besteht die dritte Rede aus zwei Äußerungen des Vaters (11,35b und 11,38a), die zwei Äußerungen der Tochter (11,36 und 11,37) einrahmen. Aufbau und Inhalt zeigen, daß er sie »im Griff hat« und über sie verfügt bis in den Tod.

a) Erzählerischer Teil. Jiftach kreist seine Tochter ein.

Nun kam Jiftach nach Mizpa zu seinem Hause.
Gerade in dem Augenblick kam seine Tochter heraus
ihm entgegen mit Pauken und Reigentanz.
Sie war sein einziges Kind;
außer ihr hatte er weder Sohn noch Tochter.
Als er sie sah, zerriß er seine Kleider.

b) Direkte Rede: Der Vater spricht.

Und er sagte:
»Ach, meine Tochter!

Du hast mich tief gebeugt,
du bist mein Unglück geworden.
Ich habe meinen Mund Jahwe gegenüber aufgetan,
und kann nicht zurück«.

c) Direkte Rede: Die Tochter spricht.

Und sie sagte zu ihm:
»Mein Vater,
Du hast deinen Mund Jahwe gegenüber aufgetan;
tu mit mir gemäß dem, was aus deinem
Munde ging,
da Jahwe getan hat an dir Befreiung
von deinen Feinden, den Ammonitern«.

c′) Direkte Rede: Die Tochter spricht.

Und sie sagte zu ihrem Vater:
»Laß dieses noch für mich getan werden:
Laß mich allein zwei Monate
daß ich gehen und wandern möge auf die Berge
und meine Jungfräulichkeit beweine –
ich und meine Freudinnen«.

b′) Direkte Rede: Der Vater spricht.

Und er sagte:
»Gehe hin!«

a′) Erzählerischer Teil: Jiftach verfügt über seine Tochter bis in den Tod.

So schickte er sie fort für zwei Monate.
Sie ging, sie und ihre Freundinnen,
und sie beweinte ihre Jungfräulichkeit auf den Bergen.

Nach zwei Monaten kehrte sie zu ihrem Vater zurück.
Und er tat an ihr sein Gelübde, das er gelobt hatte. (11,34-39b)*

a) Die zweite Episode erntet genau den Sieg, den Jiftach gesucht hatte; sein Gelübde muß eingelöst werden. Passenderweise ist Mizpa der Ort der Handlung, wo Israel seine Lager aufschlug im

---

* A.O./PTÜ:
Now Jephthah came to Mizpah to his home.
Just at that very moment his daughter came forth
to meet him with timbrels and dances.
She was his one and only child;
besides her he had neither son nor daughter.
Upon seeing her, he rent his clothes.
And he said:
»Ah, my daughter!
You have brought me low;
You have become my calamity.
I have opened my mouth to Yahweh
and I cannot turn back.«
And she said to him:
»My father,
You have opened your mouth to Yahweh;
do to me according to what goes forth
from your mouth,
since Yahweh has done to you deliverance
from your enemies, from the Ammonites«.
And she said to her father:
»Let this thing be done for me:
Let me alone for two months
that I may go and wander upon the hills
and lament my virginity –
I and my female friends«.
And he said:
»Go.«
So he sent her away for two months.
She went, she and her female friends,
and she lamented her virginity upon the hills.
At the end of two months, she returned to her father.
And he did to her his vow which he had vowed. *(11,43-39b; RSV*)*

Kampf gegen die Ammoniter und Jiftach seine Worte an den Herrn richtete (11,11; vgl. 11,29-31). Einst lebte dieser Ausgestoßene, der ein Erretter werden sollte, im Lande Tob, nun aber hat er sich in der Stadt in Gilead niedergelassen. Sein Sieg über die Ammoniter führt ihn – wie konnte es auch anders sein – an die Schwelle seines eigenen Hauses: »Jiftach kam nach Mizpa, zu seinem Hause« (11,34a). Diese einleitende Aussage ruft Jiftachs Gelübde in Erinnerung und weckt somit dunkle Vorahnungen, ja Furcht. Was wird ihm entgegenkommen? Der Erzähler unterstreicht die Antwort mit dem emphatischen hebräischen Wort *hinnēh,* das gewöhnlich mit »siehe« übersetzt wird, und darauf folgt unmittelbar als Subjekt der familiäre Ausdruck »seine Tochter«.[30] Wir übersetzen dies so: »Gerade in dem Augenblick seine Tochter . . .«[31] Die beiden hebräischen Wörter bringen einen kalten Hauch des Entsetzens mit sich, das sich bald ausbreiten wird. Die nächsten Wörter verstärken das Erschrecken, da sie direkt dem Gelübde Jiftachs entnommen sind. Er hatte versprochen: »Was auch immer aus der Tür meines Hauses mir entgegenkommt (yṣ', qr'; 11,31) . . .« Und jetzt hören wir: »Gerade in dem Augenblick kam seine Tochter heraus (yṣ') ihm entgegen« (qr'; 11,34b). Die Mehrdeutigkeit von Jiftachs Gelübde wird aufgelöst. Seine Tochter ist sein Opfer; sie muß für seine Glaubenslosigkeit sterben. Wenn Jiftach schon für die Sünden seiner Eltern litt, wieviel mehr muß dieses Kind ertragen um der Machenschaften seines Vaters willen! Unglaube wirkt bis in die dritte Generation, um auf verachtenswerte Weise Frucht zu tragen. »Ist denn kein Balsam mehr in Gilead?« (Jer 8,22; Zür)

»Gerade in dem Augenblick kam seine Tochter heraus ihm entgegen.« Wir wissen sofort Bescheid, aber sie weiß noch nichts. »Mit Pauken (tuppîm) und Reigentanz (mĕḥōlōt)« kommt sie heraus, um ihres Vaters Sieg zu feiern. Sie bewegt sich unbefangen auf ihn zu, unwissend, daß ihr fröhliches Tun ihren Tod besiegelt. Für diejenigen, die die Traditionen ihres Volkes kennen, sind ihr Erscheinen und ihr Tun keine Überraschung. Vor langer Zeit, als Jahwe den Pharao, seine Rosse und Reiter im Meer hatte untergehen lassen, »nahm Mirjam, die Prophetin, eine Pauke in ihre Hand, und alle Frauen folgten ihr nach mit Pauken (tuppîm) im Reigen (mĕḥōlōt). Und Mirjam sang ihnen vor:

»Laßt uns dem Herrn singen,
denn er hat eine herrliche Tat getan,
Roß und Mann hat er ins Meer gestürzt.« (Ex 15,19-21; Luth)

Und einige Jahrhunderte später, »als David zurückkam vom Sieg über die Philister, [begab es sich], daß die Frauen aus allen Städten Israels herausgingen mit Gesang und Reigen (mêḥōlōt) dem König Saul entgegen (qr') unter Jauchzen, mit Pauken (tuppîm) und mit Zimbeln. Und die Frauen sangen im Reigen und sprachen:

»Saul hat tausend erschlagen,
aber David zehntausend!« (1 Sam 18,6-7; Luth)

In diese uralte und edle Tradition von Frauen reiht sich die Tochter Jiftachs ein, als sie herauskommt (yṣ') »mit Pauken und Reigentanz« ihrem siegreichen Vater entgegen (qr'). Sie aber kommt allein und ohne ein Wort des Gesangs auf ihren Lippen. Der Unterschied stellt die schreckliche Ironie bei einem eigentlich typischen und freudvollen Ereignis heraus. Überdies betont der Erzähler die Einsamkeit des Kindes *und* das Dilemma des Vaters noch durch eine ungewöhnliche Anhäufung von Ausdrücken: »Sie war sein einziges Kind;[32] außer ihr hatte er weder Sohn noch Tochter« (11,34c).
Schon einmal war in den Überlieferungen Israels eine solche Ausdrucksweise mit vergleichbarer Schärfe vorgekommen. Damals sprach Gott zu einem mächtigen Krieger, der in der Schlacht siegreich gewesen war (Gen 14,13-24):[33] »Abraham, . . . nimm Isaak, deinen einzigen Sohn (yĕḥîdĕkā), den du liebhast . . . und opfere ihn . . . zum Brandopfer . . .« (Gen 22,2; Luth; vgl. 22,12,16).[34] Mit diesen Worten wollte Gott Abrahams Glauben prüfen; das, was unser Erzähler beschreibt, hat aber etwas mit dem Schwur eines Menschen zu tun, der keinen Glauben hat, und Gott hat dazu geschwiegen. Jiftach ist nicht Abraham. Mißtrauen, nicht Glaube, hat sein einziges Kind ausgesondert. Außerdem hatte der Sohn der Verheißung einen Namen: Isaak. Er stammte aus einem ehrwürdigen Geschlecht: Seine Mutter war Sarai (Gen 11,29) und sein Großvater Terach (Gen 11,27). Im Gegensatz dazu hat die Tochter des streitbaren Jiftach keinen Namen. Ihr Vater ist von illegitimer Abstammung, ihre Mutter wird nirgends erwähnt, ihre Großmutter -

war eine Prostituierte, und ihren Großvater kann man nicht identifizieren. Somit bleibt das Mädchen innerhalb der Traditionen Israels isoliert sowie auch innerhalb dieser besonderen Geschichte. »Sie war sein einziges Kind; außer ihr hatte er weder Sohn noch Tochter.« Wenn die Beschreibung des Erzählers sie aussondert, um Mitleid zu erregen, so wird gleichzeitig doch auch Mitgefühl für Jiftach erweckt, dessen Gelübde sein kostbarstes Gut zu vernichten droht. Vater und Tochter sind miteinander verbunden in tragischer Verflechtung.
Als die Tochter aus dem Hause herauskommt, um dem siegreichen Kämpfer entgegenzugehen, werden die Worte des Gelübdes Wirklichkeit. Wie entsetzlich die Situation ist, wird den Zuschauern eher klar als den Beteiligten selbst. Als Jiftach sie sieht, zerreißt er seine Kleider (11,35a). Dies ist eine Geste der Verzweiflung, des Kummers und der Trauer[35] – aber um wen? Was die erzählenden Worte nur andeuten, wird in der direkten Rede offen ausgesprochen. Jiftach trauert um sich selbst, nicht um seine Tochter.
b) Ein qualvoller Schrei löst sich von seinen Lippen: »Ach,[36] meine Tochter!«, aber dann folgen nur heftige Worte der Anklage: »Du hast mich tief gebeugt (kr'); du ('att) bist mein Unglück ('kr) geworden« (11,35b).[37] Am Anfang des ersten Teils des Satzes betont der absolute Infinitiv im Hiphil (hakrēa') die unheilvolle Tat der Tochter;[38] zu Beginn des zweiten hebt das unabhängige Pronomen *du* sie noch einmal als die Ursache des Unglücks hervor;[39] und ein Wortspiel mit dem Verb *tief beugen* und dem Substantiv *Unglück* unterstreicht den Tadel, der ihr zuteil wird. Im ganzen wird durch fünf hebräische Wörter die Verurteilung des Kindes durch ihren Vater unterstrichen. Einige alte Versionen fügen noch einen dritten Satz hinzu: »Du bist ein Stein des Anstoßes für mich geworden.«[40] Immer wieder triumphieren Jiftachs Worte über die Tochter; die Anschuldigungen überwältigen das Opfer. In dem Augenblick, da er sie erkennt und alles zutage tritt, denkt Jiftach nur an sich selbst und gibt seiner Tochter die Schuld an seinem Elend. »Ich ('ānōkî)«, fährt er emphatisch fort, »habe meinen Mund Jahwe gegenüber aufgetan, und ich kann nicht zurück« (11,35c).
Glaube an ein glaubensloses Gelübde hat das Urteil über das Opfer gesprochen; Vater und Tochter sind nun durch Tat und Schicksal getrennt. Obwohl er sie in seiner Qual »meine Tochter« nennt,

bietet er ihr weder Trost noch Hilfe an. Er redet ganz anders mit ihr als Abraham, der Mitleid hatte und ausweichend, aber voller Vertrauen zu Isaak sprach: »Mein Sohn, Gott wird sich ersehen ein Schaf zum Brandopfer« (Gen 22,8). Jiftach aber vertraut nicht darauf, daß Gott die Freiheit hätte, die Katastrophe abzuwenden. Auch will er nicht anstelle seines Kindes sterben, wie David es tat (2 Sam 19,1).[41] Obwohl seine Tochter ihm hingebungsvoll mit Musik und Tanz gedient hat, beklagt Jiftach nur das Unglück, das sie über ihn gebracht hat. Und zu all dem sagt Gott nichts.

c) Mit Mut und Entschlossenheit antwortet die Tochter ihrem Vater. Obwohl er ihr den Inhalt des Gelübdes nicht mitgeteilt hat,[42] reicht die Unausweichlichkeit seiner Worte für sie aus. Sie versucht nicht, zu widersprechen oder Widerstand zu leisten, und sie zeigt auch weder Zorn noch Niedergeschlagenheit. Kein Wort des Selbstmitleids kommt über ihre Lippen; statt dessen fühlt sie für ihren Vater das Mitleid, das er ihr nicht zuteilwerden läßt. »Sie aber sprach: ›Mein Vater.‹« Einst hatte Isaak dieselben vertrauensvollen Worte gesprochen (Gen 22,7). Wie ganz anders aber klingen sie nun! Dieses Kind weiß genau, was sein Vater tun muß, und doch tritt es ihm voller Verständnis entgegen. Sie redet ganz anders mit ihrem Vater, als er mit ihr! »Meine Tochter« war ein Ausdruck von Selbstbezogenheit und Anklage gegen sie; »mein Vater« gibt ihm Rechtfertigung und Zuversicht. Beide bestätigen jedoch die Unverletzlichkeit des Gelübdes, das Gott gegenüber abgelegt wurde (vgl. Num 30,3; Dtn 23,22-24).

»Ich habe meinen Mund Jahwe gegenüber aufgetan«,

sagt Jiftach, »und kann nicht zurück«. Die Antwort der Tochter wiederholt diese Auffassung:

Du hast deinen Mund Jahwe gegenüber aufgetan;
tu mit mir gemäß dem, was aus deinem Munde ging,
da Jahwe getan hat an dir Befreiung
von deinen Feinden, den Ammonitern. (11,36)[43]

Das Wort, das von seinem Munde ausgegangen ist, (yṣ'; 11,36), ist zu der Tochter geworden, die von seinem Hause ausging (yṣ'; 11,34). Infolgedessen muß er mit ihr tun ('śh), was er dem Herrn gegenüber gelobt hat, weil der Herr ihm das getan ('śh) hat, worum er ihn gebeten hatte. Die junge Frau versteht das wohl. Sie weiß: »Tod und Leben stehen in der Zunge Gewalt« (Spr 18,21). Darum bestätigt sie ihren Vater in seinem Gelübde und betet nicht darum, daß der Kelch an ihr vorübergehen möge.

c') Trotzdem ergibt sie sich aber nicht wortlos in ihr Schicksal. Innerhalb der Grenzen des Unausweichlichen hat sie den Mut, für sich selbst etwas auszuhandeln. Das Opfer ergreift die Initiative, nicht weil sie sich schuldig fühlt, sondern um ihrer Integrität willen. Und so berichtet der Erzähler von ihrer zweiten Rede: »Sie sagte zu ihrem Vater« (11,37a). Dieses Mal benutzt der Erzähler, nicht die Tochter, die verwandtschaftliche Bezeichnung. Der Unterschied wird zur Distanz. Nachdem sie ihrem Vater zunächst voller Verständnis entgegengekommen ist, tritt sie nun einen Schritt von dem zurück, der ihr Henker werden soll. Ihre Bitte macht diese Trennung klar: »Laß dieses (dābār) noch für mich getan werden«, beginnt sie (11,37b). Das Verb und sein präpositionales Objekt spielen auf ihre früheren Worte an. »Tu ('śh) mit mir (lî)«, hatte sie gesagt, weil der Herr »getan hat ('śh) an dir (lĕkā) . . .«. Vorher aber »laß dieses noch für mich (lî) getan ('śh) werden«:

Laß mich allein zwei Monate,
daß ich gehen und wandern[44] *möge auf die Berge*
und meine Jungfräulichkeit beweine –
ich und meine Freundinnen. (11,37c)

Sie bittet um Aufschub, um Zeit an einem Ort, der von ihrem Vater und seinem Gelübde weit entfernt ist. Diese Zeit soll mit Klagen hingebracht werden, mit Klagen nicht um den Tod, sondern um ein unerfülltes Leben.

Sicherlich, der Tod gehört zum Leben: »Wir sterben des Todes und sind wie Wasser, das auf die Erde gegossen wird und das man nicht wieder sammeln kann« (2 Sam 14,14). Aber dieser besondere Tod spottet allen Kategorien des natürlichen und zu erwartenden Todes.[45] Erstens ist er verfrüht; ihr Leben endet, bevor es seine Möglichkeiten entfaltet hat. Wenn König Hiskia bitterlich weinen konnte, daß er »in der Mitte« seines Lebens sterben mußte (Jes 38,3,10), wieviel mehr muß dann dieses Kind klagen im Frühling seines Lebens! Zweitens wird ihr Tod ein gewaltsamer sein. Tod durch Verbrennen ist ein bitterer Tod, und noch bitterer, wenn es der eigene Vater ist, der ihn verursacht. Drittens wird sie, wenn sie stirbt, keine Erben hinterlassen, weil sie eine Jungfrau ist. Was für jede hebräische Frau die Erfüllung bedeutet, das Gebären von Kindern, wird sie niemals kennenlernen (1 Sam 1,1-20). Ohne ein Kind, das nach ihr da sein wird, kann sie zu denen gezählt werden, an die sich keiner mehr erinnert, zu denen, die »umgekommen sind, als wären sie nie gewesen« (Sir 44,9). Verfrüht, gewaltsam, ohne Erben: Alle Merkmale eines unnatürlichen Todes treffen bei dieser jungen Frau zu, und es bleibt ihr nicht einmal das Wissen darum erspart. Ihr Tod ist ein geplanter, ein Todesurteil durch Mord, der über ein unschuldiges Opfer verhängt wird aufgrund des glaubenslosen Gelübdes, das ihr törichter Vater abgelegt hat. Diese Umstände legen einen dunklen Schatten über die Bitte, die sie an ihn richtet: ». . . daß ich gehen und wandern möge auf die Berge und meine Jungfräulichkeit beweine.«

Die abschließenden Worte ihrer Rede eröffnen aber in dieser Geschichte eine neue Dimension. Bisher war ihre Isolierung betont worden. Sie ist das »einzige Kind«; allein begrüßt sie ihren Vater mit Musik und Tanz; und sie bittet ihn, daß er sie zwei Monate allein läßt. Aber dann fügt sie hinzu: »ich ('ānōkî) und meine Freundinnen«. In der Zeit ihres tiefsten Kummers, den letzten Tagen ihres Lebens, streckt das Mädchen seine Hände nach anderen Frauen aus. Sie wählt sie sich als Gefährten für ihre Wanderung auf die Berge und um ihre Jungfräulichkeit zu beklagen. In Gemeinschaft mit ihresgleichen transzendiert sie die Distanz zwischen Tochter und Vater. Nach diesem Hinweis auf ihre Freundinnen spricht sie nicht mehr. Innerhalb der Grenzen des Unausweichlichen hat sie einen Lebenssinn für sich gefunden.

b', a') Kurz und bündig gibt der Vater ihrer Bitte nach. »Gehe hin«, sagt er – und das sind seine letzten Worte in der Geschichte (11,38a). Von da an spricht nur noch der Erzähler. Er übernimmt die Ausdrucksweise der Tochter, als er von der Ausführung ihres Planes berichtet: »So schickte er sie fort für zwei Monate. Sie ging, sie und ihre ›Freundinnen‹, und sie beweinte ihre Jungfräulichkeit auf den Bergen« (11,38). In der Gesellschaft anderer Frauen, die ihre Tragö-

die erkennen, ist sie weder allein noch isoliert. Sie verbringt die letzten Tage ihres Lebens, wie sie es sich ausbedungen hat.
Am Ende der zwei Monate, zur festgesetzten Zeit, kehrt die Tochter zu ihrem Vater zurück (11,39a). Schnell, ohne ein Urteil zu fällen, berichtet der Erzähler von der Tat: »Und er vollzog sein Gelübde an ihr, das er gelobt hatte« (11,39b). Wie ganz anders ist diese Geschichte als die von Abrahams Opferung des Isaak, wo ein Detail nach dem anderen geschildert wird, um die Erzählung zu verlangsamen und die Spannung bis zum Höhepunkt zu steigern.

Und als sie an die Stätte kamen, die ihm Gott gesagt hatte,
baute Abraham dort einen Altar und legte Holz darauf
und band seinen Sohn Isaak,
legte ihn auf den Altar oben auf das Holz.
Und reckte seine Hand aus und faßte das Messer,
daß er seinen Sohn schlachtete. (Gen 22,9-10; Luth)

Bei dieser Geschichte ist die Spannung nur erträglich, weil Isaak verschont wird. Im letzten Augenblick nimmt der Engel des Herrn den Befehl »töte dein Kind« zurück durch ein anderes Gebot: »Lege deine Hand nicht an den Knaben und tu ihm nichts« (Gen 22,12a; Luth). Aber in der Geschichte von der Tochter des Jiftachs tritt kein Engel dazwischen, um das Kind zu retten. Der Vater führt das Gelübde genauso aus, wie er es formuliert hatte, und da ist kein Gott, kein Mann und keine Frau, die es widerruft. Darum erspart uns der Erzähler auch die Spannung und die Qual von Details; das Resultat an sich ist verabscheuungswürdig genug. Fünf hebräische Wörter erzählen die Geschichte: »Und-er-vollzog sein-Gelübde an-ihr, das er-gelobt-hatte« (11,39c). Der Sohn wurde zwar gerettet, die Tochter aber wurde geschlachtet.[46] »So wurde aus dem Sieg an diesem Tag eine Trauer« (2 Sam 19,2; Luth).
Das Verb *tun* hat nun seine Funktion in dieser Episode erfüllt. »*Tu* mit mir gemäß dem, was aus deinem Munde ging«, hatte sie gesagt, »da Jahwe *getan hat* an dir Befreiung« (11,36). Und somit »*tat* er an ihr sein Gelübde, das er gelobt hatte« (11,39b). Außerdem bringt uns die Erwähnung wieder zu dem Anfang der ganzen Szene zurück (11,30) und verbindet dadurch öffentliche und private Konflikte in einer Komposition von Kreisen.[47] Ein Gelübde führte zum Sieg; der

Sieg verlangte ein Opfer; das Opfer starb durch Gewalt; Gewalttätigkeit führte ihrerseits zur Erfüllung des Gelübdes. Vom Anfang bis zum Ende ist dieses ungläubige und furchtbare Gelübde das Subjekt; es beherrscht Vater und Tochter, wenn auch in verschiedener Weise. Selbst Gott, an den es gerichtet war, hüllt sich darüber in Schweigen.[48] Unter der Macht des Gelübdes tut die Tochter ihren letzten Atemzug. Mein Gott, mein Gott, warum hast du sie vergessen?[49]

C. *Ein Nachwort wird geschrieben, 11,39c-40.* Tod und Schweigen haben aber nicht das letzte Wort in der Geschichte. Das Nachwort des Erzählers geht vom Gelübde auf das Opfer über, vom Vater, der überlebt, auf die Tochter, die durch ihren vorzeitigen und gewaltsamen Tod ohne Nachkommen und Erinnerung bleibt (vgl. 2 Sam 18,18). Zu Beginn des Nachwortes betont der Erzähler noch einmal ihre Unfruchtbarkeit: »Sie hatte nie einen Mann erkannt« (11,38c). Die drei anschließenden Wörter sind immer mit »und es ward Brauch in Israel« übersetzt worden (11,39d; Luth); das Verb in dem Satz ist aber eine weibliche Singularform von *sein* oder *werden*. Da das Hebräische kein Neutrum kennt, können solche femininen Formen als Neutra aufgefaßt werden,[50] so daß die traditionelle Lesart »es wurde« sicherlich legitim ist – aber sie ist nicht ganz korrekt. Vielmehr sprechen Grammatik, Inhalt und Kontext dafür, sich von dieser Übersetzung zu trennen. Schließlich hat ja der vorhergehende Satz *sie* als Subjekt: »Und sie hatte nie einen Mann erkannt«. Ein unabhängiges feminines Pronomen (hî) hebt das Subjekt hervor. Ebenso kann das grammatisch feminine Geschlecht des Verbs *werden* sich auf die Tochter selbst beziehen.[51] Außerdem kann der Terminus, der gewöhnlich mit Sitte/Brauch (ḥōq) übersetzt wird, auch Tradition heißen.[52] Die sich daraus ergebende Übersetzung würde lauten: »Sie wurde zu einer Tradition in Israel.« Mit anderen Worten, das Nachwort berichtet von einer außergewöhnlichen Entwicklung in Israel. Während eine Frau, die nie einen Mann erkannt hat, gewöhlich zu den Nicht-mehr-Erinnerten gezählt wird, ist es im Falle von Jiftachs Tochter ganz anders. »Obwohl *sie* nie einen Mann erkannt hatte, wurde *sie* nichtsdestoweniger zu einer Tradition in Israel.« In dramatischer Weise ändert dieser Satz die Unwiderruflichkeit von Jiftachs glaubenslosem Gelübde. Die Veränderung wird durch die Treue der Frauen Israels bewirkt, wie es die nächste Zeile erklärt: »Und Jahr für Jahr gingen die Töchter Israels hin, um zu trauern um die Tochter Jiftachs, des Gileaditers, vier Tage im Jahr« (11,40).[53] Das namenlose jungfräuliche Kind wird zu einer Tradition in Israel, weil die Frauen, mit denen sie ihre letzten Tage verbrachte, sie nicht in Vergessenheit geraten ließen. Sie haben für sie ein Zeichen gesetzt: Sie trauern jedes Jahr um sie an einem bestimmten Ort.[54] Dies haben sie zu ihrer Erinnerung getan (vgl. 1 Kor 11,24-25). Das Nachwort des Erzählers verschiebt den Brennpunkt der Geschichte vom Gelübde zum Opfer, vom Tod zum Leben, vom Vergessen zum Erinnern. Es ist bemerkenswert, daß diese Sage von Glaubenslosigkeit und Opferung ihre eigene Tragödie zwar nicht auflöst, aber doch durch die Trauer der Frauen abschwächt.

Reaktionen auf die Geschichte

Von seiten der Schrift. »Bedeutet euch das alles nichts, euch, die ihr vorübergeht?« (Klgl 1,12a) Bedauerlicherweise haben die Schriften des Glaubens die Nuancen dieser Geschichte weder gesehen noch interpretiert. Jahrhundertelang hat die patriarchale Hermeneutik die Tochter Jiftachs vergessen und sich nur ihres Vaters erinnert, ja, ihn gerühmt. Das früheste Zeugnis davon haben wir in dem Schluß des Jiftach-Zyklus'. Er lenkt die Aufmerksamkeit von dem privaten Konflikt der Opferung auf eine öffentliche Konfrontation zwischen den Stämmen ab (12,1-7).[55] Von den Efraimitern herausgefordert, führt Jiftach die Gileaditer zu einem glorreichen Sieg. Der mächtige Krieger behauptet sich widerstandslos; die Gewalttat, die er an seiner einzigen Tochter verübt hat, ficht ihn überhaupt nicht an.[56] Am Ende stirbt er eines natürlichen Todes und bekommt ein Epitaph, wie es einem vorbildlichen Richter zukommt (12,7).[57] Und seine militärischen Erfolge verherrlichen seinen Namen in den folgenden Jahren. Besonders der Prophet Samuel verkündet in Israel: »Jahwe sandte . . . Jiftach . . . und errettete euch aus der Hand eurer Feinde . . .« (1 Sam 12,11).

Was das Alte Testament beginnt, setzen die Apokryphen fort. In Sirachs Lobgesang auf berühmte Männer ist, meinen wir, auch Jiftach mitgemeint.

Und die Richter, jeder nach seinem Namen,
die nicht Abgötterei trieben
noch vom Herrn abfielen –
auch ihr Gedächtnis bleibe im Segen!
Ihre Gebeine mögen grünen, wo sie liegen;
und ihr Name, auf ihre Kinder vererbt,
werde gepriesen![58] (Sir 46,13-15; Luth)

Was in den Apokryphen fortgesetzt wird,[59] wird im Neuen Testament triumphal zum Abschluß gebracht. Im Hebräerbrief wird Jiftach ausdrücklich genannt als einer von denen, »welche haben *durch den Glauben* Königreiche bezwungen, Gerechtigkeit bewirkt, . . . sind des Schwertes Schärfe entronnen, sind kräftig geworden aus der Schwachheit, sind stark geworden im Streit, haben der Fremden Heere zum Weichen gebracht« (Hebr 11,32-34; Luth). Jiftach wird gerühmt, seine Tochter wird vergessen. Unglaube wird zum Glauben. So hat die Schrift die alte Geschichte umgedeutet, und doch hat jene Geschichte noch bis zum heutigen Tage Gültigkeit für uns, auf daß wir sie uns aneignen und daran genesen.

Von seiten des Lesers. Wie die Töchter Israels erinnern wir uns der Tochter des Jiftach und trauern um sie. Durch ihren Tod sind wir alle herabgesetzt worden, durch unser Gedächtnis wird sie für immer geheiligt. Auch wenn sie keine »Überlebende« war, ist sie doch ein unverwechselbares Symbol für all die beherzten Töchter treuloser Väter geworden. So kurz ihre Geschichte auch ist, so regt sie doch die Phantasie an und fordert eine Reaktion des Lesers heraus.[60] Worte der Klage sind sicherlich angemessen, denn betrauerten nicht auch die Töchter Israels Jiftachs Tochter jedes Jahr? Die biblische Tradition selbst bietet ein Modell und einen Hintergrund für solch eine Reaktion: Die Klage Davids um Saul und Jonatan, für einen Vater und einen Sohn, die viel zu früh im Schlachtgetümmel umkamen (2 Sam 1,19-27). Von Gram überwältigt, rief David:

Die Edelsten in Israel sind auf deinen Höhen erschlagen!
Wie sind die Helden gefallen! (2 Sam 1,19; Luth)

Laßt uns im Geiste der Töchter Israels der Tochter Jiftachs gedenken und um sie trauern, indem wir uns an die bewegenden Worte Davids anschließen:

Deine Tochter, o Israel, ist auf deinen Höhen erschlagen!
Wie sind die Ohnmächtigen gefallen!
Sagt es wieder in Ammon,
verkündet es in den Straßen Rabbas:
denn die Ammoniterinnen freuen sich nicht;
die Töchter der Feinde frohlocken nicht.

Sagt es wieder in Gilead,
verkündet es in den Straßen von Mizpa;
denn die Söhne Israels vergessen es sonst,
die Söhne des Bundes erinnern sich nicht.

Ihr Täler von Gilead,
nicht Tau, nicht Regen falle auf euch,
ihr trügerischen Gefilde,
denn dort ward die Unschuld der Ohnmacht entweiht,
die einzige Tochter des Mächtigen geopfert.

Vor der Tyrannei des Gelübdes
vor dem Blut des Opfers
wich das namenlose Kind nicht zurück,
wandte sich der Mut der Tochter nicht ab.

Tochter des Jiftach, Geliebte und Holde!
Im Leben und im Tode ein jungfräulich Kind;
Sie begrüßte den Vater mit Tanz und Musik,
sah dem Tadel ins Auge, klar und stark.

Ihr Töchter Israels, weint um die Schwester, die den Verrat des ruchlosen Vaters ertrug,
an euch sich wandte um Liebe und Trost!

Wie sind die Ohnmächtigen gefallen
mitten im Sieg!

Die Tochter des Jiftach liegt auf den Höhen erschlagen!
Ich weine um dich, kleine Schwester.

Wie sehr ergreift mich dein Leid;
dein Mut ist mir wundersamer
als der Mut der Männer.

Wie sind die Ohnmächtigen gefallen,
einem glaubenslosen Gelübde
ein schreckliches Opfer!

1. Die Anthropologen sagen, daß das Wort *Stamm* mit Vorsicht zu gebrauchen sei. Siehe z. B. *Morton H. Fried,* The Notion of Tribe, Menlo Park, Calif. 1975; *J. W. Rogerson,* Anthropology and the Old Testament, Atlanta 1979, S. 86-101. Soziologische Untersuchungen über die Stämme des alten Israel findet man bei *George E. Mendenhall,* The Tenth Generation, Baltimore 1973, bes. S. 1-31, 174-97; *Norman K. Gottwald,* The Tribes of Yahweh, Maryknoll, N. Y. 1979, passim und bes. 294-98. Klassische historische Arbeiten über die Zeit der Richter findet man bei *A. D. H. Mayes,* The Period of the Judges and the Rise of the Monarchy, in: Israelite and Judean History, hg. von *John H. Hayes/J. Maxwell Miller,* OTL, Philadelphia 1977, bes. S. 285-93, 297-322; *A. D. H. Mayes,* Israel in the Period of the Judges, Naperville, Ill. 1974; *John Bright,* A History of Israel, Philadelphia 1972, S. 140-75; *Manfred Weippert,* The Settlement of the Israelite Tribes in Palestine, Naperville 1971; *John L. McKenzie, S.J.,* The World of the Judges, Englewood Cliffs, N.J. 1966, bes. S. 144-50.
2. In diesem Kapitel bedeutet das Wort saga/Sage Geschichte.
3. Eine formkritische und traditionsgeschichtliche Untersuchung ist: *Wolfgang Richter,* Die Überlieferungen um Jiftach, Ri 10,17-12,6, Biblica 47 (1966), S. 485-556. Eine literarische Studie ist: *Robert Polzin,* Moses and the Deuteronomist, New York 1980, S. 176-81.
4. Die in diesem Aufsatz zitierten Kapitel und Verse sind dem Buch der Richter entnommen, sofern sie nicht besonders gekennzeichnet sind.
5. Die Hauptabschnitte des Jiftach-Zyklus sind folgende: Theologisches Vorwort (10,6-16)

   A. Einleitung: Die Gegenüberstellung der Konflikte (10,17-11,3)
   1. Der politische Konflikt: Feindschaft zwischen den Völkern (10,17-18)
   2. Der private Konflikt: Feindschaft zwischen den Brüdern (11,1-3)

   B. Szene 1: Entscheidung und andauernde Zwietracht (11,4-28)
   1. Lösung: der interne Konflikt innerhalb Israels (11,4-11)
   2. Problem: der außenpolitische Konflikt zwischen Ammon und Israel (11,12-28)

   C. Szene 2: Schlacht und Opfer, mit einem Nachwort (11,29-40)
   1. Lösung: Israels blutige Schlacht gegen Ammon (11,29-33)
   2. Problem: Jiftachs Opferung seiner eigenen Tochter (11,34-39b)
   3. Ein Nachwort *in memoriam* (11,39c-40)

   D. Schluß: Ein Nachspiel von Konflikt und Tod (12,1-7)
   1. Konflikt zwischen den Stämmen Efraim und Gilead (12,1-6)

a) Worte der Anklage (12,1-3)
b) Worte des Todes (12,4-6)
2. Der Tod Jiftachs (12,7)

6. Zur Geschichte und Kultur der Ammoniter, siehe *G.M. Landes*, Ammon, Ammonites, IDB 1, S. 108-14, und *S.H. Horn*, Ammon, Ammonites, IDBS, S. 20.
7. Zur Komposition des Buches der Richter, bes. der deutoronomischen Redaktion, siehe *Robert G. Boling*, Judges, Anchor Bible, New York 1975, bes. S. 34.38, 193.
8. Die Frage, die in 10,18 gestellt wird, überführt die Fragenden, denn die Führer weigern sich zu führen. So groß ist ihr Verlangen, die Verantwortung abzuschieben, daß sie versprechen, einen neuen Führer zum »Haupt (rōš) über alle, die in Gilead wohnen« zu machen. Zu dem Titel *Haupt*, siehe unten.
9. Siehe *Boling*, Judges, S. 197.
10. Siehe *C.F. Burney*, The Book of Judges, New York 1970, S. 308; *Boling*, Judges, S. 197.
11. Einen Vergleich zwischen der Vertreibung Jiftachs und Ismaels findet man bei *Thomas L. Thompson*, The Historicity of the Patriarchal Narratives, Berlin 1974, S. 258.
12. Tob war eine nahegelegene syrische Stadt, die gelegentlich Sympathie für die Ammoniter zeigte; siehe 2 Sam 10,6,8.
13. Somit schließt dieser Abschnitt (11,1-3) mit einem emphatischen Pronomen, das dem Anfang entspricht: »*Er* war der Sohn einer Hure . . . lose Leute . . . zogen aus mit *ihm*«.
14. Ihr Tun bekommt eine Antwort am Ende der Episode, wo das Subjekt und Objekt des Verbs *gehen* (hlk) vertauscht werden: » . . .die Ältesten von Gilead gingen hin, um Jiftach aus dem Lande Tob zu holen« (11,5). »So ging Jiftach mit den Ältesten von Gilead« (11,11). Zwischen diesen einander entsprechenden Aussagen des Erzählers steht die direkte Rede der Ältesten und des Ausgestoßenen, Verhandlungen, die dazu führen, daß die\Machtstruktur umgekehrt wird: Das Objekt wird zum Subjekt.
15. Der Gebrauch des Terminus *Führer* (qāṣîn) steht im Gegensatz zu dem Wort *Haupt* (rōš) in 10,18. Dieser Übergang bringt eine Spannung mit sich, die bis 11,11 noch nicht endgültig gelöst ist.
16. In seiner ersten Frage, die sich auf seine Vergangenheit bezieht (11,7b), beginnt Jiftach mit den emphatischen Pronomen *ihr* ('attem) und *mich* ('ôtî); sie stehen in Opposition zueinander durch das Dazwischentreten des Verbs *hassen* (śn'). In der zweiten Frage, die sich auf die Gegenwart bezieht (11,7c) beschreibt Jiftach sich selbst noch einmal als das Objekt,

auf das sich das Tun der Ältesten richtet, und beendet den Satz mit dem Pronomen *euch* (lākem). Somit schildern Form und Inhalt dieser Fragen einen Machtkampf zwischen ihnen: Das *ihr/euch* der Ältesten umrahmt (d. h. versucht zu beherrschen) das *mir/mich* Jiftachs.

17. Man beachte, daß die Personen in 11,8 anfangen, die Macht auf Jiftach zu verschieben. Er wird das Subjekt, und die Ältesten werden zum Objekt. Man beachte auch, daß die Ältesten in ihrem Angebot von dem Wort *Führer* (11,6) auf das Wort *Haupt* (vgl. 10,18) übergehen. Während der erstere Titel vor der Schlacht zu vergeben war, wird der letztere danach zuerkannt (allerdings wird nicht ausdrücklich vom Sieg gesprochen). Diese Umstellung mag nahelegen, daß der Titel *Haupt* ein dauerndes Oberhaupt des Stammes bezeichnet und *Führer* eine vorübergehende Stellung im Heer; siehe *Boling*, Judges, S. 198; *McKenzie*, The World of the Judges, S. 145-46.

18. Man beachte das Spiel mit dem Verb *wiederkommen/zurückkehren* (šûb) in 11,8,9, sowie auch den Gebrauch der emphatischen Pronomen *ihr* und *mich* in 11,9a, die hier im Hebräischen direkt nebeneinander stehen, ohne daß ein Verb dazwischentritt (vgl. Anm. 16 oben). Mit anderen Worten, der Streit zwischen dem *ihr* der Ältesten und dem *mich* Jiftachs ist beendet. Auch in dem Hauptsatz dieses Konditionalsatzes (11,9c) setzt Jiftach sich gegen die Ältesten durch: Sein *ich* ('ānōkî) als *Haupt* (lĕrōš) rahmt das *euch* (lākem) der Ältesten ein (vgl. 11,7).

19. Wenn der Erzähler hier die Titel *Haupt* und *Führer* zusammenbringt, so verändert er die Bedeutung, die sich vorher aus der direkten Rede ergeben hatte. Hier stehen die Titel in umgekehrter Reihenfolge (vgl. 11,6,8); außerdem werden beide Jiftach schon vor dem Sieg, ja, sogar vor der Schlacht verliehen, und damit ist Jiftachs eigene Bedingung überflüssig geworden (11,9). Jegliche Spannung oder Unklarheit in bezug auf Jiftachs Status wird aufgehoben. Kombiniert geben diese beiden den Titel der Machtausübung des Illegitimen absolute Legitimität. Außerdem versprechen die Ältesten, zu tun »nach dem Wort (dbr) Jiftachs« (11,10). Von nun an gibt Jiftach »all seinen Worten« (dbr) den Charakter eines heiligen Schwurs, indem er sie vor Jahwe in Mizpa (11,11) spricht (dbr), dem Ort, wo die Israeliten ihre Lager gegen die Ammoniter aufgeschlagen haben (10,17). Diese beiden Hinweise auf Mizpa bilden einen Rahmen um einen außenpolitischen Konflikt, durch den ein interner überwunden wird. Die Frage, die zuerst in Mizpa gestellt wurde (10,17-18), wird durch Jiftachs Ankunft in Mizpa beantwortet (11,11). Was für eine Veränderung ist in Mizpa bewirkt worden! Über Jiftach als Retter in der Not und Richter nach der Schlacht, siehe

Hartmut N. Rösel, Jiftach und das Problem der Richter, Biblica 61 (1980), S. 251-55.

20. Die Schärfe der Frage klingt wie ein Echo auf Jiftachs frühere Fragen an die Ältesten von Gilead, die er damals für seine Feinde hielt (11,7). Eine formkritische Untersuchung ist: *Claus Westermann*, Basic Forms of Prophetic Speech, Philadelphia 1967, S. 111-15.
21. Exegetische Details und eine Bibliographie findet man bei *Boling*, Judges S. 200-205. In diesem Zusammenhang ist für uns auch Jiftachs Gebrauch von Fragesätzen in 11,23b-26 interessant. Man beachte auch in 11,27a den Gebrauch von emphatischen Pronomen, die durch Verben voneinander getrennt sind, um die beiden Völker einander gegenüberzustellen. »*Ich* ('ānōkî) habe nicht gegen *dich* (lāk) gesündigt, aber *du* ('attāh) hast getan Übles an *mir* ('ittî), zu kämpfen gegen *mich* (bî)«; vgl. 11,7,9.
22. Der Ausdruck »die Worte Jiftachs« spielt auf das Ende der vorhergehenden Episode an (11,11). Die an den König gerichteten Worte (dbr) sind unwirksam geblieben, die Worte (dbr), die vor Jahwe gesprochen werden, kehren aber nicht leer zurück.
23. Siehe *Boling*, Judges, S. 207. *Mutatis mutandi*, vgl. z. B. Ri 3,10; 6,34; 14,6,19; 1 Sam 11,6.
24. Zur Beschaffenheit des Gelübdes, siehe *G. Henton Davies*, Vows, IDB 4, S. 792-93; *J. Pedersen*, Israel, III-IV, London 1963, S. 322-30. Vgl. *Simon B. Parker*, The Vow in Ugaritic and Israelite Narrative Literature, Ugarit-Forschungen 11 (1979), S. 693-700, bes. 696-97.
25. Z. B. Ri 11,9-11,21,23,24,27,29.
26. Versuche, das Gelübde nicht auf Jahwe zu beziehen, sind vergeblich: z. B. *John H. Otwell*, And Sarah Laughed, Philadelphia 1977, S. 70-71. Siehe *Alverto Ravinell Whitney Green*, The Role of Human Sacrifice in the Ancient Near East, Missoula, Mont. 1975, S. 161-63; *A. van Hoonacker*, La voeu de Jephté, Le Muséon 11, Louvain 1892, S. 448-69; 12 (1893), S. 59-80. Vgl. Num 21,2-3, wo Israel in Zusammenhang mit einem heiligen Krieg Jahwe ein Gelübde machte und sagte: »Wenn du wirklich dieses Volk in meine Hand gibst, werde ich ihre Städte vollständig zerstören.« Man beachte die verbalen und formalen Ähnlichkeiten mit Jiftachs Gelübde, aber auch den auffallenden Unterschied im Inhalt der beiden Hauptsätze. Israel gelobte, den Feind nach dem Sieg zu vernichten; Jiftach gelobt, etwas aus seinem eigenen Hause zu opfern.
27. Siehe *Boling*, Judges, S. 208-9, der ein Tieropfer annimmt, vgl. Gen 22,13. Gegen *George F. Moore*, A Critical and Exegetical Commentary

on Judges, ICC, New York 1910, S. 299, der schrieb: »Daß ein Menschenopfer beabsichtigt ist, ist so klar, wie Worte es nur machen können«; ähnlich *Burney*, Judges, S. 319-20. *Pedersen, Israel, S. 326; Green*, The Role of Human Sacrifice in the Ancient Near East, S. 162. Über die Möglichkeit, daß es ein Diener sein soll, siehe *John Dominic Crossan*, Judges, in: The Jerome Biblical Commentary, Bd. I, hg. von *Raymond E. Brown, S. S.* et al., Englewood Cliffs, N. J. 1968, S. 158.

28. Das Verb losziehen (ʿbr) mit Jiftach als seinem Subjekt verbindet den Anfang (11,29, wo es dreimal vorkommt), mit dem Ende (11,32-33) dieser literarischen Einheit.
29. Vgl. die Unterteilung von *Hans-Winfried Jüngling*, Richter 19 – Ein Plädoyer für das Königtum, Rom 1981, S. 165-67. Vgl. auch die Anordnung von 11,5-11; siehe Anm. 14 oben. Gegen *Richter*, Die Überlieferungen um Jephthah, S. 503-17: Ich sehe kein Spannungsverhältnis zwischen 11,34-36 und 11,37-40, obwohl ich 11,39c-40 als Nachwort bezeichne; siehe unten.
30. Vgl. die gewöhnliche Wortfolge in einem hebräischen Satz, wo das Verb vor dem Subjekt steht.
31. Zu den Übersetzungen von *hinnēh*, siehe Kap. 3, Anm. 20 oben.
32. Die Hervorhebung ist wirklich außergewöhnlich; wörtlich steht da: »nur (raq) sie (hîʾ), die einzige (yĕḥîdāh)«. Die griechische Bibel (Ri 11,34) gibt die Adjektive mit *monogenés* (einzig) und *agapeté* (geliebt) wieder. Vgl. den Gebrauch dieser beiden Adjektive für Jesus: *monogenés* in Joh 3,16; *agapetós* in Mk 1,11; 9,7.
33. Die historischen Probleme, die sich aus Gen 14 ergeben, sind nicht sachdienlich für diese literarische Analyse.
34. Da ich die Opferung Isaaks nur als Hintergrund für die Geschichte von Jiftachs Tochter benutze, werde ich hier nicht meine eigene literarische Untersuchung von Genesis 22 mit einbringen. Eine klassische Interpretation findet man bei *Erich Auerbach*, Odysseus' Scar, Mimesis, New York 1957, S. 1-20; siehe auch *George W. Coats*, Abraham's Sacrifice of Faith, A Form-Critical Study of Genesis 22, Int 27 (1973), S. 389-400; *James Crenshaw*, Journey into Oblivion, A Structural Analysis of Gen 22,1-19, Soundings 58 (1975, S. 243-56; *Jacob Licht*, Storytelling in the Bible, Jerusalem 1978, S. 115-20; *James Crenshaw*, A Whirlpool of Torment, Israelite Traditions of God as an Oppressive Presence, Philadelphia 1984, S. 9-29. Vergleiche zwischen diesen beiden Geschichten stammen aus alten Zeiten; siehe z. B. *Robert J. Daly*, The Soteriological Significance of the Sacrifice of Iaac, CBQ 39 (1977), S. 60-62; *P. R. Davies/B. D. Chilton*, The Aqedah, A Revised Tradition

Histroy, CBQ 40 (1978), S. 521,526-27; auch *S. Kierkegaard,* Fear and Trembling, Princeton, N. J. 1952, S. 85-87. Einen Strukturvergleich findet man bei *Edmund Leach,* The Legitimacy of Solomon, Some Structural Aspects of Old Testament History, in: Introduction to Structuralism, hg. von *Michael Lane,* New York 1970, S. 256-58. Ein Vergleich aufgrund der Opfertheorie, siehe *Steven J. Brams,* Biblical Games, A Strategic Analysis of Stories in the Old Testament, Cambridge, Mass. 1980, S. 36-53.

35. Vgl. z. B. Gen 37,29,34; 44,13; 2 Sam 13,19,31; 2 Kön 2,12; Ijob 1,20; Jes 36,22; Jer 41,5.

36. Zu dieser Übersetzung von *'ăhâ* (amer. ah), siehe *Boling,* Judges, S. 208.

37. Zu dem Wort Unglück ('kr, amer. calamity), vgl. 1 Sam 14,29, das auch im Kontext eines Gelübdes an Jahwe steht; siehe unten Anm. 41 und 43.

38. Vgl. die Art, wie Jiftach den absoluten Infinitiv hier gebraucht, mit der grammatischen Konstruktion seines Gelübdes, in der er ihn so ähnlich verwendet (11,30).

39. Dieses *du* der Tochter wird dem *ich* ('ānōkî) Jiftachs gegenübergestellt in dem folgenden Satz: »Du bist mein Unglück geworden, denn *ich* habe meinen Mund Jahwe gegenüber aufgetan . . .« Vgl. den Gebrauch ähnlicher Pronomen zur Hervorhebung und Gegenüberstellung in den Worten Jiftachs in 11,7,9.

40. Siehe *Boling,* Judges, S. 206,208-9.

41. Sicher, die Umstände von Abschaloms Tod sind andere als die bei Jiftachs Tochter. Ich stelle nur verschiedene Reaktionen von Vätern auf den tatsächlichen oder potentiellen Tod ihrer Kinder fest. Ein weiteres Beispiel ist Sauls Todesurteil über Jonatan, der unwissentlich seines Vaters Schwur (šĕbû'āh; amer. oath; vgl. neder, Gelübde; amer. vow) brach, indem er Honig aß (1 Sam 14,24-46). In jenem Fall war der Vater, wie Jiftach, dazu verpflichtet, das Urteil zu vollstrecken; das Volk aber legte Fürsprache für Jonatan ein, um ihn zu retten. Siehe *Keith W. Whitelam,* The Just King, ISOT Supp. 12, Sheffield 1979, S. 73-83.

42. Man beachte, daß das ominöse Wort Brandopfer ('ôlāh) nur einmal vorkommt, nämlich in dem Gelübde selbst, das Jiftach ablegte, bevor die Identität dessen, was »ihm entgegenkäme«, bekannt ist (11,31). Nachdem man weiß, daß die Tochter das Opfer ist, wird nur noch in Umschreibungen darauf angespielt – bei dem, was Jiftach, seine Tochter und der Erzähler sagen. Die Tat ist ja auch unaussprechlich!

43. Vgl. die entsprechende Antwort, die Jonatan Saul gibt (1 Sam 14,43).

Wie diese Tochter wußte auch jener Sohn, daß er dem Schwur seines Vaters nicht entrinnen konnte, obwohl er vorher darüber gespottet hatte (1 Sam 14,29-30). Im Unterschied zu dieser Tochter war Jonatan aber ein *schuldiges* Opfer, dessen Leben dann verschont wurde.

44. Zu der Lesart *wandern*, siehe *Burney*, Judges, S. 323; *Boling*, Judges, S. 209.
45. Siehe *LLoyd R. Bailey, Sr.*, Biblical Perspectives on Death, Philadelphia 1979, S. 47-51.
46. Vgl. aber *Kurt Weitzmann*, The Jephthah Panel in the Bema of the Church of St. Catherine's Monastery on Mount Sinai, Studies in the Arts at Sinai, Princeton 1982, S. 341-52. Dieses Tafelbild ist ein Gegenstück zu dem Abraham-Bild; die Opferungen der Tochter und Isaaks nehmen das eucharistische Opfer Christi vorweg.
47. Vgl. ein ähnliches Muster, das durch die Hinweise auf Mizpa in 10,17 und 11,11 entsteht; siehe Anm. 19 oben.
48. Vgl. die Legende von dem kretischen König Idomeneus, der nach seiner Errettung vom Ertrinken gelobte, Neptun den ersten Menschen zu opfern, dem er am Ufer begegnen würde. Es war Idamente, sein Sohn. Bevor die Opferung durchgeführt werden konnte, kam Neptun und rettete ihn. Über diese Legende schrieb Mozart seine Oper Idomeneo. Andere griechische Parallelen findet man in der Orestie von *Aischylos* und in *Euripides'* Iphigenie in Aulis. Vgl. *Yannis Sakellarakis/Efi Sapouna-Sakellarakis*, Drama of Death in a Minoan Temple, National Geographic 159 (1981), S. 205-22.
49. Vgl. Ps 22,1; Mt 27,46; Mk 15,34.
50. Siehe *E. Kautzsch*, Gesenius' Hebrew Grammar, Oxford 1952, § 122q.
51. Siehe *F. E. König*, Historisch-comparative Syntax der Hebräischen Sprache, Schlußteil des Historisch-kritischen Lehrgebäudes des Hebräischen, 1897, § 323 h; dagegen *Burney*, Judges, S. 324-25.
52. *Custom* (Sitte/Brauch) ist die Übersetzung in der KJV, RSV, JB; NAB und NJV und auch bei *Boling*, Judges, S. 207. In der NEB steht jedoch *tradition* (Tradition). Im Englischen überschneiden sich die Bedeutungen der beiden Wörter. Zu dem gleichen Gebrauch des Wortes *ḥōq*, wenn auch in einer anderen grammatischen Konstruktion, siehe 2 Chr 35,25; dort wird von den Klageliedern für den toten König Joschija berichtet. Sänger und Sängerinnen klagen um ihn »bis auf diesen Tag« (vgl. »Jahr für Jahr«, Ri 11,40). Diese Totenklage für den König zu psalmodieren, wurde zu einer Tradition (ḥōq) in Israel. Vgl. *Jacob M. Myers*, II Chronicles, Anchor Bible, New York 1965, S. 214-16.
53. Zu der Frage, ob man den hebräischen Infinitiv hier mit *trauern* (amer.

to mourn) wiedergeben kann, siehe die Kommentare, bes. *Moore*, Judges, S. 303-4. Aufgrund von Ri 11,40 behaupten einige Wissenschaftler, daß die ganze Geschichte ätiologisch sei, und oft werden Parallelen aus der Weltliteratur herangezogen: z. B. *Martin Noth*, Aufsätze zur biblischen Landes- und Altertumskunde I, Neukirchen-Vluyn 1971, S. 360-65; *Theodor H. Gaster*, Myth, Legend and Custom in the Old Testament, New York 1969, S. 430-32; *Flemming Friis Hvidberg*, Weeping and Laughter in the Old Testament, Leiden 1962, S. 103-5; vgl. *Burney*, Judges, S. 332-34; *Moore*, Judges, S. 305. Obwohl sie erhellend sind, neigen diese Interpretationen dazu, die Besonderheit dieser Geschichte zu übersehen, einschließlich ihres jahwistischen Hintergrundes. Siehe *Boling*, Judges, S. 209-10; *Green*, The Role of Human Sacrifice in the Ancient Near East, S. 162.

54. Vgl. das lebende Denkmal, das Tamar gesetzt wurde, einer anderen Tochter Israels, die auch kinderlos starb, wenn auch unter Umständen, die anders waren als bei Jiftachs Tochter (2 Sam 13,1-20). Ihr Bruder Abschalom nannte seine eigene Tochter Tamar (2 Sam 14,27); siehe Kap. 2 oben. Siehe auch *Stanley Brice Frost*, The Memorial of the Childless Man, Int 26 (1972), S. 437-50.
55. Dieser Abschluß der Jiftach-Erzählung ist ähnlich strukturiert wie die anderen Abschnitte, wo direkte Rede einen erzählerischen Teil einrahmt. Man beachte auch den Gebrauch von Fragesätzen.
56. Man beachte, daß Jiftachs Rede an die Efraimiter (12,2-3) teilweise die Wortwahl seines Gelübdes und die Zusammenfassung des Erzählers wiederholt, sie umgeht aber jeglichen Hinweis auf die Opferung (vgl. 11,30-32).
57. Vgl. Ri 10,2,5; 12,10,12,15.
58. Ob man das Substantiv nun mit *Söhne* oder *Kinder* übersetzt – man beachte die Ironie in bezug auf Jiftach.
59. Im Gegensatz zu den dürftigen Erwähnungen in den Apokryphen erzählen die Pseudepigraphen (*Pseudo-Philo*, Kap. 39-40) die ganze Geschichte von Jiftach und seiner Tochter wieder. Der Standpunkt aber unterscheidet sich auffallend von dem in der kanonischen Literatur. Gott kritisiert Jiftach scharf für sein böses Gelübde; seine Tochter, die hier den Namen Seila trägt, stirbt willig, auf daß ihr Opfertod nicht umsonst sei; und Gott beschließt, daß sie weiser ist als ihr Vater und »klüger als alle Weisen hier«. Siehe *Daniel J. Harrington/Jacques Cazeaux/Charles Perrot/Pierre Maurice Bogaert*, Pseudo-Philon, Les Antiquities Bibliques, Sources Chretiennes, 229-30, Paris 1976, Bd. I, S. 273-85; Bd II, S. 186-93. Jüdische Legenden erzählen, daß Jiftach im

Tode bestraft wurde: durch Zerstückelung. Siehe *Louis Ginzberg*, The Legends of the Jews, IV, Philadelphia 1968, S. 43-47. Im 12. Jahrhundert wurde die Ansicht vertreten, daß die Tochter nicht geopfert, sondern in einsamer Gefangenschaft gehalten wurde; siehe *Moore*, Judges, S. 304. Aber Isolation heißt auch, lebendig tot sein; vgl. das Elend Tamars in Kap. 2 oben. Ob nun isoliert oder geopfert, es ist die Frau, die das unschuldige Opfer von Gewalt wird.

60. Vgl. die Reaktionen der Leser durch die Jahrhunderte in Literatur, Kunst und Musik; siehe *Wilbur Owen Sypherd*, Jephthah and his Daughter, Newark 1948; auch Encyclopaedia Judaica 9, Jerusalem 1978, Spalte 1343-45. Eine psychoanalytische Interpretation findet man bei *Robert Seidenberg*, Sacrificing the First You See, in: The Psychoanalytic Review 53 (1966), S. 49-62.

Register

Personenverzeichnis

Hebräische Begriffe

Bibelstellen

Altes Testament

Neues Testament

Apokryphen und Pseudepigraphen

Sachwortverzeichnis